山区高速公路建设
安全生产管理指导手册

龙丽温高速公路工程建设指挥部文瑞分指挥部 主编

浙江工商大学出版社
ZHEJIANG GONGSHANG UNIVERSITY PRESS
·杭州·

图书在版编目(CIP)数据

山区高速公路建设安全生产管理指导手册 / 龙丽温
高速公路工程建设指挥部文瑞分指挥部主编. — 杭州：
浙江工商大学出版社，2019.10

ISBN 978-7-5178-3465-6

Ⅰ. ①山… Ⅱ. ①杨… Ⅲ. ①山区道路－高速公路－
道路工程－安全生产－生产管理－手册 Ⅳ. ①U412.36－62

中国版本图书馆 CIP 数据核字(2019)第 208834 号

山区高速公路建设安全生产管理指导手册

SHANQU GAOSU GONGLU JIANSHE ANQUAN SHENGCHAN GUANLI ZHIDAO SHOUCE

龙丽温高速公路工程建设指挥部文瑞分指挥部　主编

责任编辑	唐　红　谭娟娟
封面设计	林朦朦
责任印制	包建辉
出版发行	浙江工商大学出版社
	（杭州市教工路 198 号　邮政编码 310012）
	（E-mail：zjgsupress@163.com）
	（网址：http://www.zjgsupress.com）
	电话：0571-88904980，88831806（传真）
排　　版	杭州朝曦图文设计有限公司
印　　刷	浙江全能工艺美术印刷有限公司
开　　本	770mm×1000mm　1/16
印　　张	13
字　　数	193 千
版 印 次	2019 年 10 月第 1 版　2019 年 10 月第 1 次印刷
书　　号	ISBN 978-7-5178-3465-6
定　　价	45.00 元

《山区高速公路建设安全生产管理指导手册》

编写委员会

参 编 单 位:中天路桥有限公司

中交第三公路工程局有限公司

温州交通建设集团有限公司

中交二公局东萌工程有限公司

中交第二航务工程局有限公司

杭州市交通工程集团有限公司

指 导 委 员 会:郑如春　王　恒　彭建忠　徐承标　史海峰

主要参编人员:杨军锋　翟　弢　江国丁　金建敏　柯小环

周旭辉　陈　辉　陶春胜　仝鹏飞　周瑞刚

季建东　王　斌　王小军　刘兴蔚　李晓春

党伟杰　何　竟

前　　言

2016 年 4 月 28 日国务院安委会办公室印发了《标本兼治遏制重特大事故工作指南》（安委办〔2016〕3 号），2016 年 12 月 9 日国务院印发了《中共中央国务院关于推进安全生产领域改革发展的意见》（中发〔2016〕32 号），2017 年 1 月 12 日国务院办公厅印发了《安全生产"十三五"规划》（国办发〔2017〕3 号），2017 年 6 月 12 日交通运输部出台了《公路水运工程安全生产监督管理办法》（交通运输部令 2017 年第 25 号）……这一系列文件的发布为安全生产领域的发展提供了依据。

《中共中央国务院关于推进安全生产领域改革发展的意见》指出"构建风险分级管控和隐患排查治理双重预防工作机制，严防风险演变、隐患升级导致生产安全事故发生"，国务院安委会办公室印发的《标本兼治遏制重特大事故工作指南》指出"坚持标本兼治、综合治理，把安全风险管控摆在隐患前面，把隐患排查治理摆在事故前面，扎实构建事故应急救援最后一道防线"，2019 年第十八个安全生产月主题为"防风险、除隐患、遏事故"。深入开展安全生产隐患排查治理工作是贯彻落实中共中央国务院关于推进安全生产领域改革发展的重要要求，是转变安全生产管理方式、提高安全生产管理水平的重要途径，是有效防范和遏制安全生产重特大事故的重要举措。龙丽温高速公路文成至瑞安段工程建设紧紧围绕中共中央国务院的重大决策部署，深入开展生产安全隐患排查治理工作，安全生产形势总体平稳可控。

《山区高速公路建设安全生产管理指导手册》总结了龙丽温高速公路文成至瑞安段工程施工安全生产管理的经验，对公路施工安全生产领域的法律法规规章、标准规范规程和规范性文件进行了系统的梳理，对照《公路工程施工安全技术规范》和《公路水运工程平安工地建设管理办法》的编排顺序，罗列出安全生产隐患的判定依据，指导公路工程施工安全生产隐患的排查与治理工作，提高隐患排查的工作质量，达到预防生产安全事故的目标。

本书可作为公路工程施工安全生产管理的工具书，作为安全生产教育培训的教材，可结合具体工程进一步梳理安全检查用表、安全生产风险防控措施清单等用途。

编　者

2019 年 6 月

目　　录

第一篇　编制说明

一、编制依据

《山区高速公路建设安全生产管理指导手册》(以下简称"《指导手册》")以《公路工程施工安全技术规范》(JTG F90—2015)和《公路水运工程平安工地建设管理办法》(交安监发〔2018〕43 号)为基础,列出了隐患的判定依据。除了判定依据本身的法律效力,本《指导手册》无法律效力。为便于利用,本《指导手册》引用规范性文件原文。

二、安全生产隐患的定义

依据交通运输部《公路水路行业安全生产隐患治理暂行办法》(交安监发〔2017〕60 号,自 2018 年 1 月 1 日起实施)第三条规定"安全生产隐患是生产经营单位违反安全生产法律、法规、规章、标准、规程和安全生产管理制度等规定,或因其他因素在生产经营活动中存在的可能导致安全生产事故发生的人的不安全行为、物的不安全状态、场所的不安全因素和管理上的缺陷。"

三、安全生产隐患的分类分级

《公路水路行业安全生产隐患治理暂行办法》(交安监发〔2017〕60 号)第七条规定"隐患按业务领域分为道路运输隐患、水路运输隐患、港口营运隐患、交通工程建设隐患、交通设施养护工程隐患和其他隐患六个类型。每个类型可按照业务属性分为若干类别。"本《指导手册》属于交通工程建设隐患。

第八条规定"隐患分为重大隐患和一般隐患两个等级。重大隐患是指极易导致重特大安全生产事故,且整改难度较大,需要全部或者局部停产停业,并经过一定时间整改治理方能消除的隐患,或者因外部因素影响致使生产经营单位自身难以消除的隐患。一般隐患是指除重大隐患外,可能导致安全生产事故发生的隐患。"

结合建设工程施工管理和特点,可将安全生产隐患分为基础管理和现场管理两大类。对于基础管理类的隐患,排查治理时主要通过查阅工程管理资料的方法获得;而现场管理类隐患,则需要对作业现场进行实地检查。

四、《指导手册》的应用

(一)本《指导手册》主要用于安全生产隐患排查(安全检查),也可用于风险源辨识。

(二)建设单位、监理单位、项目部可以参考或者在本《指导手册》基础上删减、增补、细化判定依据,编制更加适合本项目特点的隐患清单。

(三)有利于安全生产的隐患排查与治理工作质量,各有关单位日常开展的隐患排查存在隐患排查范围不明确、隐患描述不清等问题,进而影响隐患治理工作的质量。各有关单位可以收集隐患排查图片,进行分类,编辑成图册,更加直观地展示隐患。

(四)便于隐患的统计分析,对于出现频率高的隐患,可以重点进行治理。隐患的统计可能会受工程进度、特点的不同,隐患排查人员的侧重点、关注点的不同的影响,统计分析难以全面反映隐患的实际分布情况,但仍有一定的参考价值。

(五)可用于安全生产从业人员业务素质提升培训。

五、《指导手册》的完善

本《指导手册》难以穷尽所有公路工程施工安全生产隐患,在隐患排查治理过程中要不断总结和分析,对于本《指导手册》梳理过程疏漏的隐患,法律法规章、标准规范规程和项目的安全管理制度中有的应及时予以补充,有的则应当研究制定相关的安全管理制度予以完善。

六、建立健全项目安全生产管理制度体系

本《指导手册》列出了部分安全生产管理制度出处,并在第四篇分类中整理了法律法规章、标准规范规程和规范性文件目录,便于使用者全面了解安全生产管理体系,及对项目安全生产管理制度的合规性检查。

七、隐患描述方法

(一)隐患描述存在的问题。在隐患排查过程中,要正确描述安全生产隐患,并在《安全隐患处理意见书》(注:原浙江省交通建设工程监督管理局)中做好记录,杜绝对事故隐患表述不严谨,描述含糊不清的情况。如:"某某不符合安全生产条件""作业现场混乱,电线乱拉乱接""员工安全意识差"等。

(二)不能正确描述事故隐患的原因。不能正确描述事故隐患的原因主要还是业务不熟悉,安全生产法律、法规、标准和行业标准掌握不牢,安全生产管理与技术知识不足,以及没有掌握如何正确表述的方法。

(三)正确描述事故隐患方法。

1.公式法。判语表述结构＝A＋B＋C＋D,其中:

A表示时间,如年、月、日、时、分;

B表示场所,如××班组,××工区,××部位等;

C表示位置,如×设备,×电箱,×岗位(人);

D表示状况,不符合相关法规、标准的事实——人的不安全行为、物的不安全状态、场所的不安全因素以及管理缺陷。

2.简化法。把法规、标准要求的条文,在前面加上"无""未""未见""没有""缺失""不符合",或在后面加"不足""不完善""不合规"等词语。如:

A. 未建立(未见)安全生产责任制;

B. 部分人或部分部门无安全生产责任制;

C. 主要负责人安全生产责任制不完善,在这个前提下分条列出哪些岗位的责任制缺失或针对性不强等不合规的内容。

八、隐患判定方法

施工现场隐患判定可以通过实践经验和常识进行判定,宜从以下方面快速查找隐患,再通过法律法规标准规范进行准确认定。

(一)"破":一个设备,一个部件,只要是破损了,基本可以认定为隐患。比如连接软管破损,设备锈蚀等。

(二)"缺":应该有的而没有了,可以认定为隐患。比如消火栓旁没有水带和枪头,配电箱没盖等。

(三)"裸":以普通人的常识判断,一样东西具有危险性,且裸露在人可以触及的范围内,可认定为隐患。比如电缆的铜丝裸露在外面,传动的齿轮、皮带裸露在外面等。

(四)"乱":安全生产实质是一种秩序管理。如果无序、杂乱,必然是隐患。如物料码放混乱,仓库物品堆积混乱,配电间存放杂物等。

(五)"挤":安全生产一般都有安全距离要求,除了防护设备或是安全设备,一般不同设备、不同物品等都要保持一定的距离。一旦出现零距离或是过小距离的拥挤,一般可认定为隐患。如两台加工设备无安全距离,氧气瓶、乙炔瓶间距不足等。

(六)"堵":应该畅通而未畅通,应该拿到而拿不到,一件东西堵住了另一件东西,可以认定为隐患。如安全出口锁闭,通道堆放杂物,消防器材圈占等。

(七)"闪":如果发现一个设备的运行指示灯或者是显示器不停地在闪动,一般可判定为隐患,不是设备故障,就是运行某种指令后未复位,但警报类的指示灯除外。如消防控制柜报警点持续闪动。

(八)"晃":一般情况下,无论是机械设备、工作平台还是作业辅助工具,都需要较好的稳定性和牢固性。一旦发现不稳定的情况,可认定为隐患。如梯子不稳固。

(九)"仿":企业自己仿制的一些设备设施,一般可认定为隐患。有些是缺少技术保障,有些是不符合国家标准。如自制的疏散指示标志不符合国家标准。

(十)"倒":绝大多数设备、物品是需要直立码放或放置的,一旦倾倒,不仅是管理不规范,甚至还会产生危险。如乙炔、氧气瓶都需要直立放置,且要有防倾倒措施。灭火器也要求直立放置。

(十一)"反":人员操作或是设备部件的位置与相关指示相反,必然是安全隐患。如厂内驾驶车辆时,不按指定线路行驶。

(十二)"混":一般来讲,物品的独立存放相对安全。混存物品越多,带来的危险越大越多,一些禁忌的危险品绝对不能混存。

（十三）"离"：动火等危险作业以及设备运行时，哪怕是自动化设备，也需要有人来监控检视，要么在现场，要么在监控机房，作业期间，人不能离岗。

（十四）"蛮"：蛮干，野蛮作业是安全生产大忌。如搬运气瓶时，在地面滚动；高处拆除作业，随意下抛物品等。

（十五）"超"：超，即是超过基本承载负荷，如超速、超重、超高、超大等，必然是隐患。

（十六）"遮"：安全生产的一个重要手段是信息传导，准确的信息传递是安全的保障。所以，各种标志标识、颜色、光线等被遮挡，可以认定为隐患。如现场安全标志被遮挡。

（十七）"空"：主要是各种安全工作记录当中，不应该有空项和不填写项，如各级领导的签字、隐患整改的回复等。如出现空白处，可能意味着有些环节的工作措施未落实。

（十八）"脏"：不同于"乱"，脏虽然主要是卫生标准，但也会在某种情况下产生危险。如配电室、配电箱积尘未定期清理，会有触电危险。

（十九）"误"：指示信息和实际情况不相符，必定是隐患。如正在运行的机器设备上挂着"停用"的牌子。

（二十）"漏"：程序遗漏，如支架等临时设施验收程序、分项作业工前交底程序遗漏，项目安全生产资金预算审批程序遗漏等。

（二十一）"泛"：安全教育、岗位技能知识考核、工序交底、安全目标量化考核等内容指标宽泛、无针对性。

九、隐患治理

公路工程项目从业单位应依据浙江省交通建设工程监督管理局关于印发《浙江省公路水运工程安全生产隐患排查治理实施办法》的通知（浙交监〔2018〕84 号）规定，进行隐患治理、整改验收、建档监控、信息报告、资金保障等工作。

第二篇 基础管理类隐患清单

第一章 安全管理目标策划

第一节 方针目标

《中华人民共和国安全生产法》(以下简称《安全生产法》)第三条 安全生产工作应当以人为本,坚持安全发展,坚持安全第一、预防为主、综合治理的方针,强化和落实生产经营单位的主体责任,建立生产经营单位负责、职工参与、政府监管、行业自律和社会监督的机制。

《公路水运工程平安工地建设考核评价指导性标准》(交安监发〔2018〕43 号):以文件的形式,制定项目安全生产方针、目标和不低于合同约定的安全控制指标。

《公路水运工程施工安全标准化指南》(交通运输部工程质量监督局组织编写,2013 年 6 月):

2.2 安全生产目标应以"减少危害,预防事故,尽量避免生产过程中人身伤害、财产损失、环境污染"为准则设定。

安全生产目标应通过设立相应的考核指标,强化落实。

2.2.1 安全生产考核指标。

(1)项目安全生产领导小组应确定安全生产总目标。工程参建单位应根据安全生产总目标分解为分项目标,制定各自的安全生产考核指标。

(2)安全生产考核指标包括以下几类。①管理类:安全生产总目标、安全生产管理人员到位率、培训教育覆盖率、设备完好率等。②事故类:事故起数、重伤人员数、死亡人数、设备事故率等。③隐患类：重大事故隐患整改率等。

第二节　策划设计

《公路水运工程平安工地建设考核评价指导性标准》（交安监发〔2018〕43号）：制订满足目标要求的安全生产策划方案。

第三节　目标考核

《安全生产法》第十九条　生产经营单位的安全生产责任制应当明确各岗位的责任人员、责任范围和考核标准等内容。

生产经营单位应当建立相应的机制，加强对安全生产责任制落实情况的监督考核，保证安全生产责任制的落实。

《公路水运工程平安工地建设考核评价指导性标准》（交安监发〔2018〕43号）：制订安全生产目标考核与奖惩办法。定期考核年度安全生产目标完成情况，并兑现奖惩。

第二章　安全生产管理制度

第一节　建立制度体系

《公路水运工程平安工地建设考核评价指导性标准》（交安监发〔2018〕43号）：建立安全生产管理制度体系，应包含安全生产责任制及考核奖惩、安全会议、安全教育培训及技术交底、特种作业人员、安全费用管理、安全风险管控、安全检查及隐患排查、危险作业环节领导带班、事故报告、应急预案、劳动防护用品管理、职业健康、分包管理、作业技术规程、设备安全管理、消防安全管理、临时用电管理等制度。

一、安全生产责任制度

《安全生产法》第四条　生产经营单位必须遵守本法和其他有关安全生

产的法律、法规,加强安全生产管理,建立、健全安全生产责任制和安全生产规章制度,改善安全生产条件,推进安全生产标准化建设,提高安全生产水平,确保安全生产。

第十八条第一款第一项 生产经营单位的主要负责人对本单位安全生产工作负有下列职责:(一)建立、健全本单位安全生产责任制。

第十九条 生产经营单位的安全生产责任制应当明确各岗位的责任人员、责任范围和考核标准等内容。

《特种设备安全法》第七条 特种设备生产、经营、使用单位应当遵守本法和其他法律、法规,建立、健全特种设备安全和节能责任制度,加强特种设备安全和节能管理,确保特种设备生产、经营、使用安全,符合节能要求。

《建筑法》第三十六条 建筑工程安全生产管理必须坚持安全第一、预防为主的方针,建立健全安全生产的责任制度和群防群治制度。

第四十四条第一款 建筑施工企业必须依法加强对建筑安全生产的管理,执行安全生产责任制度,采取有效措施,防止伤亡和其他安全生产事故的发生。

《建设工程安全生产管理条例》(国务院令第 393 号)第二十一条 施工单位主要负责人依法对本单位的安全生产工作全面负责。施工单位应当建立健全安全生产责任制度和安全生产教育培训制度,制定安全生产规章制度和操作规程,保证本单位安全生产条件所需资金的投入,对所承担的建设工程进行定期和专项安全检查,并做好安全检查记录。施工单位的项目负责人应当由取得相应职业资格的人员担任,对建设工程项目的安全施工负责,落实安全生产责任制度、安全生产规章制度和操作规程,确保安全生产费用的有效使用,并根据工程的特点组织制定安全施工措施,消除安全事故隐患,及时、如实报告生产安全事故。

《特种设备安全监察条例》(国务院令第 549 号)第五条 特种设备生产、使用单位应当建立健全特种设备安全、节能管理制度和岗位安全、节能责任制度。

《浙江省交通建设工程质量和安全生产管理条例》第七条 交通建设工程实行质量和安全生产责任制,从业单位、从业人员在工程设计使用年限内对工程质量依法承担相关责任,在工程建设期间对工程安全生产依法承担相关责任。

从业单位应当落实岗位责任登记制度,按照规定填报责任登记表;登记内容发生变化的,应当及时办理变更登记。责任登记表纳入工程档案。

中共中央国务院《关于推进安全生产领域改革发展的意见》(中发〔2016〕32号):严格落实企业主体责任。企业对本单位安全生产和职业健康工作负全面责任,要严格履行安全生产法定责任,建立健全自我约束、持续改进的内生机制。企业实行全员安全生产责任制度,法定代表人和实际控制人同为安全生产第一责任人,主要技术负责人负有安全生产技术决策和指挥权,强化部门安全生产职责,落实一岗双责。完善落实混合所有制企业以及跨地区、多层级和境外中资企业投资主体的安全生产责任。建立企业全过程安全生产和职业健康管理制度,做到安全责任、管理、投入、培训和应急救援"五到位"。国有企业要发挥安全生产工作示范带头作用,自觉接受属地监管。

二、消防安全责任制度

《建设工程安全生产管理条例》(国务院令第393号)第三十一条　施工单位应当在施工现场建立消防安全责任制度,确定消防安全责任人,制定用火、用电、使用易燃易爆材料等各项消防安全管理制度和操作规程,设置消防通道、消防水源,配备消防设施和灭火器材,并在施工现场入口处设置明显标志。

《消防安全责任制实施办法》(交办公安〔2018〕116号):单位是消防安全的责任主体,其法定代表人、主要负责人或实际控制人是消防安全责任人,对本单位消防安全全面负责,其他人员要认真落实消防安全"一岗双责"制度,消防安全重点单位应当确定消防安全管理人,组织实施本单位的消防安全管理工作。

全面落实消防安全责任制。单位要落实逐级消防安全责任制和岗位消防安全责任制,明确逐级和岗位消防安全责任,确定各级、各岗位的消防安全责任人。

建立健全消防安全制度。单位要制定本单位消防安全操作规程、防火巡查检查、火灾隐患整改、消防设施器材维护保养、易燃易爆危险物品和场所防火防爆、消防安全教育培训、用火用电用气安全管理、灭火和应急疏散预案、消防安全工作考评和奖惩等消防安全制度。

三、特种设备安全和节能责任制度

《特种设备安全法》第七条 特种设备生产、经营、使用单位应当遵守本法和其他法律、法规,建立、健全特种设备安全和节能责任制度,加强特种设备安全和节能管理,确保特种设备生产、经营、使用安全,符合节能要求。

第三十六条 电梯、客运索道、大型游乐设施等为公众提供服务的特种设备的运营使用单位,应当对特种设备的使用安全负责,设置特种设备安全管理机构或者配备专职的特种设备安全管理人员;其他特种设备使用单位,应当根据情况设置特种设备安全管理机构或者配备专职、兼职的特种设备安全管理人员。

《特种设备安全监察条例》(国务院令第549号)第五条 特种设备生产、使用单位应当建立健全特种设备安全、节能管理制度和岗位安全、节能责任制度。

四、安全生产奖惩制度

《安全生产法》第十九条 生产经营单位的安全生产责任制应当明确各岗位的责任人员、责任范围和考核标准等内容。

中共中央国务院《关于推进安全生产领域改革发展的意见》(中发〔2016〕32号):健全责任考核机制。建立与全面建成小康社会相适应和体现安全发展水平的考核评价体系。完善考核制度,统筹整合、科学设定安全生产考核指标,加大安全生产在社会治安综合治理、精神文明建设等考核中的权重。各级政府要对同级安全生产委员会成员单位和下级政府实施严格的安全生产工作责任考核,实行过程考核与结果考核相结合。各地区各单位要建立安全生产绩效与履职评定、职务晋升、奖励惩处挂钩制度,严格落实安全生产"一票否决"制度。

国务院《关于坚持科学发展安全发展促进安全形势持续稳定好转的意

见》(国发〔2011〕40 号):把安全生产考核控制指标纳入经济社会发展考核评价指标体系,加大各级领导干部政绩业绩考核中安全生产的权重和考核力度。把安全生产工作纳入社会主义精神文明和党风廉政建设、社会管理综合治理体系之中。制定完善安全生产奖惩制度,对成效显著的单位和个人要以适当形式予以表扬和奖励,对违法违规、失职渎职的,依法严格追究责任。

五、国家实行生产安全事故责任追究制度

《安全生产法》第十四条　国家实行生产安全事故责任追究制度,依照本法和有关法律、法规的规定,追究生产安全事故责任人员的法律责任。

《生产安全事故报告和调查处理条例》(国务院令第 493 号)第一条　为了规范生产安全事故的报告和调查处理,落实生产安全事故责任追究制度,防止和减少生产安全事故,根据《中华人民共和国安全生产法》和有关法律,制定本条例。

中共中央国务院《关于推进安全生产领域改革发展的意见》(中发〔2016〕32 号):严格责任追究制度。实行党政领导干部任期安全生产责任制,日常工作依责尽职、发生事故依责追究。依法依规制定各有关部门安全生产权力和责任清单,尽职照单免责、失职照单问责。建立企业生产经营全过程安全责任追溯制度。严肃查处安全生产领域项目审批、行政许可、监管执法中的失职渎职和权钱交易等腐败行为。严格事故直报制度,对瞒报、谎报、漏报、迟报事故的单位和个人依法依规追责。对被追究刑事责任的生产经营者依法实施相应的职业禁入,对事故发生负有重大责任的社会服务机构和人员依法严肃追究法律责任,并依法实施相应的行业禁入。

六、安全会议管理制度

《公路水运工程平安工地建设考核评价指导性标准》(交安监发〔2018〕43 号):安全会议管理制度应符合国家、行业现行的法律法规和规章制度的要求。定期召开安全生产领导小组会议或专业安全会议。

七、安全生产教育培训制度

《建设工程安全生产管理条例》(国务院令第 393 号)第二十一条　施工

单位主要负责人依法对本单位的安全生产工作全面负责。施工单位应当建立健全安全生产责任制度和安全生产教育培训制度,制定安全生产规章制度和操作规程,保证本单位安全生产条件所需资金的投入,对所承担的建设工程进行定期和专项安全检查,并做好安全检查记录。

《突发事件应对法》第二十五条　县级以上人民政府应当建立健全突发事件应急管理培训制度,对人民政府及其有关部门负有处置突发事件职责的工作人员定期进行培训。

《建筑法》第四十六条　建筑施工企业应当建立健全劳动安全生产教育培训制度,加强对职工安全生产的教育培训;未经安全生产教育培训的人员,不得上岗作业。

八、安全生产交底

高速公路项目建设管理规范(DB33/T 2003—2016)

7.2.3　组织交桩和设计技术交底

7.2.3.1　在施工单位进场后,应尽快组织设计单位、监理单位、施工单位对控制测量桩、路线控制桩及必要的标志桩等进行交接,并督促开展复测工作。

7.2.3.2　在工程施工前,应按以下要求组织召开设计技术交底会议。

(1)参加人员包括设计单位项目负责人、设计代表,监理单位总监及各专业监理工程师,施工单位项目经理、技术负责人、各分项专业负责人等;

(2)项目设计负责人对项目概况、设计意图、设计标准和要点、材料和工艺的要求、施工中应特别注意的事项,以及施工安全、环保工作的要求等进行交底,并对施工图设计文件的问题或疑点进行澄清;

(3)设计技术交底会议应形成书面会议记录并印发。

九、质量安全监督交底制度

高速公路项目建设管理规范(DB33/T 2003—2016)

7.2.4　质量安全监督交底

在办理完成工程质量监督和安全监督手续后、工程施工前,由工程质量安全监督管理机构进行监督交底。交底会由建设单位组织,建设单位负责人及职能部门相关人员,设计负责人及现场设计代表,监理人员,施工单位的项目经理、技术负责人、各分项专业负责人等应参加会议。

十、建设项目安全设施"三同时"制度

国务院《关于坚持科学发展安全发展促进安全生产形势持续稳定好转的意见》(国发〔2011〕40号)(十二)严格安全生产准入条件。要认真执行安全生产许可制度和产业政策,严格技术和安全质量标准,严把行业安全准入关。强化建设项目安全核准,把安全生产条件作为高危行业建设项目审批的前置条件,未通过安全评估的不准立项;未经批准擅自开工建设的,要依法取缔。严格执行建设项目安全设施"三同时"(同时设计、同时施工、同时投产和使用)制度。制定和实施高危行业从业人员资格标准。加强对安全生产专业服务机构管理,实行严格的资格认证制度,确保其评价、检测结果的专业性和客观性。

十一、职业危害防护设施"三同时"制度

国务院《关于坚持科学发展安全发展促进安全生产形势持续稳定好转的意见》(国发〔2011〕40号)(十五)加强职业病危害防治工作。要严格执行职业病防治法,认真实施国家职业病防治规划,深入落实职业危害防护设施"三同时"制度,切实抓好煤(矽)尘、热害、高毒物质等职业危害防范治理。

十二、项目负责人施工现场带班生产制度

交通运输部《关于印发〈公路水运工程施工企业项目负责人施工现场带班生产制度(暂行)〉的通知》(交质监发〔2012〕576号)全文。

十三、夜间施工质量安全管理制度

交通运输部办公厅《关于进一步加强夜间施工质量安全管理工作的通知》(质监字〔2012〕183号):

实行夜间施工报备制度。施工单位须提前向监理单位申请夜间施工报备,未经监理工程师批准,不得安排夜间施工。对危险性较大工程实施夜间施工的,施工单位必须事先制订夜间施工专项方案和应急预案,并向监理单位和建设单位报批,同时完善现场应急处置措施,做好各项应急准备。

严格执行交接班制度。施工单位须认真做好夜间施工交接班工作,切实保障施工组织及质量安全技术交底到位。严禁安排体弱、带病、疲劳以及其他不适合夜间作业的人员进行夜间施工。

严格夜间值班与巡查制度。夜间施工中,施工单位要严格实行主要领导值班带班制度,质量安全主管人员与值班电工应加大夜间巡查力度,夜间当班的质量员、安全员、监理员必须自始至终在岗。

严格隐蔽工程检查验收制度。对隐蔽工程进行夜间施工时,施工单位须加强自检,并按规定提前通知监理工程师到现场检查验收,否则不得进行下一道工序施工。

十四、危险物品安全管理制度

《安全生产法》第三十六条第二款 生产经营单位生产、经营、运输、储存、使用危险物品或者处置废弃危险物品,必须执行有关法律、法规和国家标准或者行业标准,建立专门的安全管理制度,采取可靠的安全措施,接受有关主管部门依法实施的监督管理。

十五、项目安全风险评估制度

国务院《关于坚持科学发展安全发展促进安全生产形势持续稳定好转的意见》(国发〔2011〕40号)(二十) 加强建筑施工安全生产管理。按照"谁发证、谁审批、谁负责"的原则,进一步落实建筑工程招投标、资质审批、施工许可、现场作业等各环节安全监管责任。强化建筑工程参建各方企业安全生产主体责任。严密排查治理起重机、吊罐、脚手架等设施设备安全隐患。建立建筑工程安全生产信息系统,健全施工企业和从业人员安全信用体系,完善失信惩戒制度。建立完善铁路、公路、水利、核电等重点工程项目安全风险评估制度。严厉打击超越资质范围承揽工程、违法分包转包工程等不法行为。

十六、生产安全事故隐患排查治理制度

《安全生产法》第三十八条第一款 生产经营单位应当建立健全生产安全事故隐患排查治理制度,采取技术、管理措施,及时发现并消除事故隐患。事故隐患排查治理情况应当如实记录,并向从业人员通报。

《公路水路行业安全生产隐患治理暂行办法》(交安监发〔2017〕60号)第

九条　生产经营单位应当建立健全隐患排查、告知（预警）、整改、评估验收、报备、奖惩考核、建档等制度，逐级明确隐患治理责任，落实到具体岗位和人员。

十七、公路水运工程建设重大事故隐患清单管理制度

交通运输部《关于印发〈公路水运工程建设重大事故隐患清单管理制度〉的通知》（交安监发〔2015〕156号）第五条　公路水运工程施工企业是工程项目事故隐患排查治理的责任主体。应制定本单位生产安全事故隐患清单管理制度，明确管理程序、管理内容及相关职责，督促所承建公路水运工程项目的派出机构（以下简称施工单位）做好工程项目的重大事故隐患清单管理及事故隐患排查治理工作。

第六条　施工单位在承建的公路水运工程项目开工前，依据工程实际，参照有关清单，制定工程项目的重大事故隐患清单（以下简称"工程项目清单"），由施工单位项目负责人审核发布，并向施工企业法人单位备案。要将工程项目清单纳入岗前教育培训，并在相应作业区域公示。

当工程建设条件、施工环境、施工作业内容等发生变化，施工单位应对工程项目清单及时调整，并经审核重新备案。

第七条　建设过程中，施工单位应参照工程项目清单开展事故隐患排查，对发现存在重大事故隐患的作业区域应立即停止相关作业。根据重大事故隐患建立治理台账，台账应在工程项目清单的基础上明确治理负责人、治理时限及治理措施。按照治理措施进行隐患消除，治理完成后，由治理责任人签认并将治理台账存档。

第八条　施工企业法人单位、工程项目监理、建设单位应对施工单位的工程项目清单管理工作进行检查，督促施工单位及时排查治理重大事故隐患。

十八、群防群治制度

《建筑法》第三十六条　建筑工程安全生产管理必须坚持安全第一、预防为主的方针，建立健全安全生产的责任制度和群防群治制度。

十九、举报制度

(1)《安全生产法》第七十条　负有安全生产监督管理职责的部门应当建立举报制度,公开举报电话、信箱或者电子邮件地址,受理有关安全生产的举报;受理的举报事项经调查核实后,应当形成书面材料;需要落实整改措施的,报经有关负责人签字并督促落实。

(2)《特种设备安全监察条例》(国务院令第549号)第九条第二款　特种设备安全监督管理部门应当建立特种设备安全监察举报制度,公布举报电话、信箱或者电子邮件地址,受理对特种设备生产、使用和检验检测违法行为的举报,并及时予以处理。

(3)《公路水运工程安全生产监督管理办法》(交通运输部令2017年第25号)第五十三条　交通运输主管部门应当建立举报制度,及时受理对公路水运工程生产安全事故、事故隐患以及监督检查人员违法行为的检举、控告和投诉。任何单位或者个人对安全事故隐患、安全生产违法行为或者事故险情等,均有权向交通运输主管部门报告或者举报。

(4)《浙江省交通建设工程质量和安全生产管理条例》第三十一条　任何单位和个人有权对交通建设工程活动和监督管理中的违法行为进行举报和投诉。交通运输行政主管部门以及其他有权机关应当及时受理,依法调查处理;对实名举报和投诉的,应当及时答复;对举报有功的人员,应当按照规定给予奖励。

二十、安全生产预案报备制度

国务院《关于坚持科学发展安全发展促进安全生产形势持续稳定好转的意见》(国发〔2011〕40号)(二十八)　加强预案管理和应急演练。建立健全安全生产应急预案体系,加强动态修订完善。落实省、市、县三级安全生产预案报备制度,加强企业预案与政府相关应急预案的衔接。定期开展应急预案演练,切实提高事故救援实战能力。企业生产现场带班人员、班组长和调度人员在遇到险情时,要按照预案规定,立即组织停产撤人。

二十一、交通运输行业建设工程生产安全事故统计报表制度

交通运输部《办公厅关于印发〈交通运输行业建设工程生产安全事故统

计报表制度〉等 3 个制度的通知》(交办安监函〔2016〕1520 号)全文。

二十二、黑名单制度

国务院安委会办公室《关于印发〈生产经营单位不良记录"黑名单"管理暂行规定〉的通知》(安委办〔2015〕14 号)全文。

第二节　制度合规性

《公路水运工程平安工地建设考核评价指导性标准》(交安监发〔2018〕43 号):安全生产管理制度应符合国家、行业现行的法律法规和规章制度的要求。

第三节　制度执行

《公路水运工程平安工地建设考核评价指导性标准》(交安监发〔2018〕43 号):督促检查安全管理制度执行情况。在安全生产责任制考核或安全检查中对安全管理制度进行督促检查。

第四节　安全会议

《公路水运工程平安工地建设考核评价指导性标准》(交安监发〔2018〕43 号):安全会议管理制度应符合国家、行业现行的法律法规和规章制度的要求。定期召开安全生产领导小组会议或专业安全会议。

第三章　安全管理机构和人员

第一节　安全组织机构

《安全生产法》第二十一条　矿山、金属冶炼、建筑施工、道路运输单位和危险物品的生产、经营、储存单位,应当设置安全生产管理机构或者配备专职安全生产管理人员。

前款规定以外的其他生产经营单位,从业人员超过一百人的,应当设置安全生产管理机构或者配备专职安全生产管理人员;从业人员在一百人以下的,应当配备专职或者兼职的安全生产管理人员。

《特种设备安全法》第三十六条 电梯、客运索道、大型游乐设施等为公众提供服务的特种设备的运营使用单位,应当对特种设备的使用安全负责,设置特种设备安全管理机构或者配备专职的特种设备安全管理人员;其他特种设备使用单位,应当根据情况设置特种设备安全管理机构或者配备专职、兼职的特种设备安全管理人员。

《公路水运工程安全生产监督管理办法》(交通运输部令 2017 年第 25 号)第十四条第二款 施工单位应当设置安全生产管理机构或配备专职安全生产管理人员。施工单位应当根据工程施工作业特点、安全风险以及施工组织难度,按照年度施工产值配备专职安全生产管理人员,不足 5000 万元的至少配备 1 名;5000 万元以上不足 2 亿元的按每 5000 万元不少于 1 名的比例配备;2 亿元以上的不少于 5 名,且按专业配备。

《浙江省交通建设工程质量和安全生产管理条例》第十二条 建设单位应当按照国家和省有关规定,在工程现场设置质量和安全生产管理机构、配备具有相应管理能力的管理人员。

《公路工程施工安全技术规范》(JTG F90—2015)3.0.1 公路工程施工必须遵守国家有关法律法规,符合安全生产条件要求,建立安全生产责任制,健全安全生产管理制度,设立安全生产管理机构,足额配备具备相应资格的安全生产管理人员。

《公路水运工程平安工地建设考核评价指导性标准》(交安监发〔2018〕43 号):成立安全生产领导小组,建立专职安全管理机构,安全组织机构框图悬挂明显位置。

《公路水运工程施工安全标准化指南》(部工程质量监督局编写,2013 年 6 月)项目安全生产领导小组组长由建设单位项目负责人担任,副组长由建设单位主管安全的项目负责人、监理单位总监理工程师等担任,勘察设计、施工、监理等单位的项目负责人为小组成员。领导小组办公室一般设在建设单位的安全管理部门,安全管理部门负责人为领导小组办公室负责人。

项目安全生产领导小组应贯彻落实国家、行业有关安全生产方针政策、法律法规和技术标准,制订安全生产指标和安全工作计划,落实项目安全生产条件,规范施工安全管理程序,开展安全检查评价,定期组织应急演练,督促落实企业安全生产责任。

第二节　安全生产管理机构职责

根据《安全生产法》第二十二条、《公路水运工程安全生产监督管理办法》第三十六条、《浙江省安全生产条例》第十二条规定(见附录1),生产经营单位的安全生产管理机构应当履行下列法律职责:

(1)组织或者参与拟定本单位安全生产规章制度、操作规程,以及合同段施工专项应急预案和现场处置方案;

(2)组织或者参与本单位安全生产教育和培训,如实记录安全生产教育和培训情况;

(3)督促落实本单位施工安全风险管控措施;

(4)组织或者参与本合同段施工应急救援演练;

(5)检查施工现场安全生产状况,做好检查记录,提出改进安全生产标准化建设的建议;

(6)及时排查、报告安全事故隐患,并督促落实事故隐患治理措施;

(7)制止和纠正违章指挥、违章操作和违反劳动纪律的行为;

(8)督促落实本单位安全生产整改措施;

(9)参与本单位生产工艺、技术的安全风险评估和设备的安全性能检测;

(10)督促落实本单位危险作业、可燃爆作业场所的安全管理措施;

(11)对本单位的生产安全事故进行统计、分析;

(12)法律法规规定的职责;

(13)安全生产责任书等文件规定的职责。

第三节　安全管理人员职责

生产经营单位主要负责人的法律职责。根据《安全生产法》第十八条、

《公路水运工程安全生产监督管理办法》第三十五条、《浙江省安全生产条例》第十条规定（见附录 2），生产经营单位的主要负责人应当履行下列职责：

（1）建立、健全本单位安全生产责任制，实施相应的考核与奖惩；

（2）按规定配足本单位专职安全生产管理人员；

（3）结合项目特点，组织制订并督促落实本单位安全生产规章制度和操作规程；

（4）组织制订并实施本单位安全生产教育和培训计划；

（5）督促本单位安全生产费用的规范使用；

（6）依据风险评估结论，完善施工组织设计和专项施工方案；

（7）建立安全预防控制体系和隐患排查治理体系，督促、检查单位安全生产工作，确认重大事故隐患整改情况；

（8）组织制订并实施本单位的生产安全事故应急救援预案、专项应急预案和现场处置方案，定期组织或者参与生产安全事故应急救援演练；

（9）及时、如实报告生产安全事故并组织自救；

（10）每年向职工大会、职工代表大会、股东会或者股东大会报告本单位安全生产情况，接受工会、从业人员、股东对安全生产工作的监督；

（11）法律法规定的职责。

生产经营单位安全生产管理人员的法律职责。根据《安全生产法》第二十二条、《公路水运工程安全生产监督管理办法》第三十六条、《浙江省安全生产条例》第十二条规定（见附录 1），生产经营单位的安全生产管理人员应当履行下列职责：

（1）组织或者参与拟定本单位安全生产规章制度、操作规程，以及合同段施工专项应急预案和现场处置方案；

（2）组织或者参与本单位安全生产教育和培训，如实记录安全生产教育和培训情况；

（3）督促落实本单位施工安全风险管控措施；

（4）组织或者参与本合同段施工应急救援演练；

（5）检查施工现场安全生产状况，做好检查记录，提出改进安全生产标准化建设的建议；

（6）及时排查、报告安全事故隐患，并督促落实事故隐患治理措施；

（7）制止和纠正违章指挥、违章操作和违反劳动纪律的行为；

（8）督促落实本单位安全生产整改措施；

（9）参与本单位生产工艺、技术的安全风险评估和设备的安全性能检测；

（10）督促落实本单位危险作业、可燃爆作业场所的安全管理措施；

（11）对本单位的生产安全事故进行统计、分析；

（12）法律法规规定的职责。

其他人员的职责。根据三定方案和安全生产责任书规定的职责。

第四节　特殊作业人员

《公路水运工程平安工地建设考核评价指导性标准》（交安监发〔2018〕43号）：特殊作业人员（包括租赁设备自带人员）、爆破相关人员持有效资格证书上岗，证书与从事的工作岗位相对应。

《公路工程施工安全技术规范》（JTG F90—2015）3.0.4　应对从业人员进行安全生产教育培训，未经培训不得上岗。

《市场监管总局关于特种设备行政许可有关事项的公告》（2019年第3号）（见附录3）：特种设备作业人员资格认定分类与项目。

第五节　从业人员劳动保护

《公路水运工程安全生产监督管理办法》（交通运输部令2017年第25号）第二十六条　从业单位应当依法参加工伤保险，为从业人员缴纳保险费。鼓励从业单位投保安全生产责任保险和意外伤害保险。

《公路水运工程平安工地建设考核评价指导性标准》（交安监发〔2018〕43号）：全员劳动用工登记，签订劳动合同。编制劳动保护用品和职业健康防护用品发放记录。

第四章　安全生产责任

第一节　责任制制定

《安全生产法》第四条　生产经营单位必须遵守本法和其他有关安全生产的法律、法规,加强安全生产管理,建立、健全安全生产责任制和安全生产规章制度,改善安全生产条件,推进安全生产标准化建设,提高安全生产水平,确保安全生产。

第十九条第一款　生产经营单位的安全生产责任制应当明确各岗位的责任人员、责任范围和考核标准等内容。

《建筑法》第三十六条　建筑工程安全生产管理必须坚持安全第一、预防为主的方针,建立健全安全生产的责任制度和群防群治制度。

第四十四条　建筑施工企业必须依法加强对建筑安全生产的管理,执行安全生产责任制度,采取有效措施,防止伤亡和其他安全生产事故的发生。

《特种设备安全法》第七条　特种设备生产、经营、使用单位应当遵守本法和其他法律、法规,建立、健全特种设备安全和节能责任制度,加强特种设备安全和节能管理,确保特种设备生产、经营、使用安全,符合节能要求。

第三十四条　特种设备使用单位应当建立岗位责任、隐患治理、应急救援等安全管理制度,制定操作规程,保证特种设备安全运行。

《特种设备安全监察条例》(国务院令第 549 号)第五条　特种设备生产、使用单位应当建立健全特种设备安全、节能管理制度和岗位安全、节能责任制度。

《建设工程安全生产管理条例》(国务院令第 393 号)第二十一条　施工单位主要负责人依法对本单位的安全生产工作全面负责。施工单位应当建立健全安全生产责任制度和安全生产教育培训制度,制定安全生产规章制度和操作规程,保证本单位安全生产条件所需资金的投入,对所承担的建设工程进行定期和专项安全检查,并做好安全检查记录。

第三十一条　施工单位应当在施工现场建立消防安全责任制度,确定消防安全责任人,制定用火、用电、使用易燃易爆材料等各项消防安全管理制度和操作规程,设置消防通道、消防水源,配备消防设施和灭火器材,并在施工现场入口处设置明显标志。

《公路水运工程平安工地建设考核评价指导性标准》(交安监发〔2018〕43 号):编制项目安全生产管理责任制度,应当明确各岗位的责任人员、责任范围和考核标准等内容。

《公路水运工程施工安全标准化指南》(交通运输部工程质量监督局组织编写,2013 年 6 月)

2.1　安全生产责任体系一般规定:

(1)责任制是安全生产的核心,是改进安全状况的根本途径、基本方法和工作平台。工程参建单位应按照"安全第一,预防为主,综合治理"的方针和"建设单位主导、监理单位监督、施工单位负责"的原则,构建工程项目安全生产责任体系。责任体系主要包括但不局限于:项目安全生产目标、组织管理机构、安全生产条件、安全生产责任及安全生产管理制度等重点内容。

(2)安全生产管理必须坚持"管生产必须管安全""谁主管谁负责"的原则,坚持全员参与、全面覆盖和全过程管理的原则。

(3)工程项目应成立由项目建设单位牵头、勘察设计、施工、监理等单位项目负责人共同参与的项目安全生产领导小组(或项目安全生产委员会),负责规范、指导、协调工程参建单位的安全生产行为。

(4)工程参建单位应建立内部安全生产责任体系,依法设立安全生产组织管理机构,完善安全生产管理制度,明确安全生产条件,确定安全考核指标,开展安全检查和隐患排查工作,落实安全生产责任。

(5)安全生产责任制是安全生产责任体系的重要载体。建设单位应与勘察设计、施工、监理等单位每年签订一次安全生产责任书。

(6)工程参建单位应落实"一岗双责"要求,细化各岗位职责,按年度层层签订安全生产责任书,并定期组织考核。

(7)在施工过程中,当责任人发生变更时,应重新签订安全生产责任书。

第二节　责任签认

《公路水运工程平安工地建设考核评价指导性标准》（交安监发〔2018〕43号）：项目、各部门及作业层安全岗位职责及责任人明确。

第三节　责任考核

《公路水运工程平安工地建设考核评价指导性标准》（交安监发〔2018〕43号）：落实安全生产责任制并进行检查、考核。

第四节　责任追究

《公路水运工程平安工地建设考核评价指导性标准》（交安监发〔2018〕43号）：制定责任追究制度，按制度规定进行追责。

第五章　安全风险管控

第一节　风险评估

《公路水运工程平安工地建设考核评价指导性标准》（交安监发〔2018〕43号）：按规定开展施工安全风险辨识和风险评估。根据风险辨识和评估结果编制重大风险清单。

《公路水路行业安全生产风险管理暂行办法》（交安监发〔2017〕60号）第十三条　生产经营单位安全生产风险辨识分为全面辨识和专项辨识。全面辨识是生产经营单位为全面掌握本单位安全生产风险，全面、系统地对本单位生产经营活动开展的风险辨识；专项辨识是生产经营单位为及时掌握本单位重点业务、工作环节或重点部位、管理对象的安全生产风险，对本单位生产经营活动范围内部分领域开展的安全生产风险辨识。

第十四条　全面辨识应每年不少于1次，专项辨识应在生产经营环节或其要素发生重大变化或管理部门有特殊要求时及时开展。安全生产风险辨识结束后应形成风险清单。

第十五条 生产经营单位应依据风险等级判定指南,对风险清单中所列风险进行逐项评估,确定风险等级以及主要致险因素和控制范围。

《公路工程施工安全技术规范》(JTG F90—2015)3.0.3 公路工程施工前应进行危险源辨识,并应按要求对桥梁、隧道、高边坡路基等工程进行施工安全风险评估,编制风险评估报告,现场应进行监控。

《职业健康安全管理体系》(GBT 28001—2011)

4.3.1 危险源辨识、风险评价和控制措施的确定。组织应建立、实施并保持程序,以持续进行危险源辨识、风险评价和必要控制措施的确定。危险源辨识和风险评价的程序应考虑:

(1)常规和非常规活动;

(2)所有进入工作场所的人员(包括承包方人员和访问者)的活动;

(3)人的行为、能力和其他人为因素;

(4)已识别的源于工作场所外,能够对工作场所内组织控制下的人员的健康安全产生不利影响的危险源;

(5)在工作场所附近,由组织控制下的工作相关活动所产生的危险源;

注1:按环境因素对此类危险源进行评价可能更为合适。

(6)由本组织或外界所提供的工作场所的基础设施、设备和材料;

(7)组织及其活动的变更、材料的变更,或计划的变更;

(8)职业健康安全管理体系的更改包括临时性变更等,及其对运行、过程和活动的影响;

(9)所有与风险评价和实施必要控制措施相关的适用法律义务;

(10)对工作区域、过程、装置、机器和(或)设备、操作程序和工作组织的设计,包括其对人的能力的适应性。

组织用于危险源辨识和风险评价的方法应:

(1)在范围、性质和时机方面进行界定,以确保其是主动而非被动的;

(2)提供风险的确认、风险优先次序的区分和风险文件的形式以及适当时控制措施的运用。

对于变更管理,组织应在变更前,识别在组织、职业健康安全管理体系中或组织活动中与该变更相关的职业健康安全危险源和职业健康安全风险。

组织应确保在确定控制措施时考虑这些评价的结果。

在确定控制措施或考虑变更现有的控制措施时,应按如下顺序考虑减低风险:

(1)消除;

(2)替代;

(3)工程控制措施;

(4)标志、警告和(或)管理控制措施;

(5)个体防护装备。

组织应将危险源辨识、风险评价和控制措施的确定的结果形成文件并及时更新。

在建立、实施和保持职业健康安全管理体系时,组织应确保对职业健康安全风险确定的控制措施得到考虑。

注 2:关于危险源辨识、风险评价和控制措施的确定的进一步指南参见GB/T 28002

第二节　风险控制

《公路水运工程平安工地建设考核评价指导性标准》(交安监发〔2018〕43 号):

(1)对重大风险制订安全管控方案;

(2)重大风险按规定告知作业人员;

(3)对风险较高区域设置隔离区或警戒区以及风险告知牌;

(4)重大风险按规定向属地直接监管的安全监督管理部门进行报备;

(5)作业场所和工作岗位存在的危险因素、防范措施以及事故应急措施,应当如实告知作业人员;

(6)明确特殊时间、危险作业环节项目负责人带班制度。

《公路水路行业安全生产风险管理暂行办法》(交安监发〔2017〕60 号)第

二十三条 生产经营单位应对管理范围内风险辨识、评估、登记、管控、应急等情况进行年度总结和分析,针对存在的问题提出改进措施。

第三节 风险监测

《公路水运工程平安工地建设考核评价指导性标准》(交安监发〔2018〕43号):建立风险动态监控机制,按规定进行监测、评估、预警,及时掌握风险的状态和变化趋势。对重大风险进行监测、检查,建立风险动态监控台账。

第六章 事故隐患治理

第一节 安全检查

《公路水运工程平安工地建设考核评价指导性标准》(交安监发〔2018〕43号):定期开展安全检查,项目部每月至少开展一次安全综合检查,每周开展专项安全检查,安全管理人员每日安全巡查。开(复)工、季节交替、恶劣天气和节假日应组织安全检查,并做好记录。

第二节 隐患排查治理

《公路水运工程平安工地建设考核评价指导性标准》(交安监发〔2018〕43号):制定隐患排查治理制度。发现隐患限期整改,做好复查验证,确保闭合。

建立隐患清单或台账。隐患排查治理情况应当如实记录,并向从业人员通报。

《企业职工伤亡事故分类标准》(GB 6441—86):

A.6 不安全状态

分类号

6.01 防护、保险、信号等装置缺乏或有缺陷

6.01.1 无防护

6.01.1.1 无防护罩

6.01.1.2 无安全保险装置

6.01.1.3 无报警装置

6.01.1.4 无安全标志

6.01.1.5 无护栏或护栏损坏

6.01.1.6 （电气）未接地

6.01.1.7 绝缘不良

6.01.1.8 吊扇无消音系统、噪声大

6.01.1.9 危房内作业

6.01.1.10 未安装防止"跑车"的挡车器或挡车栏

6.01.1.11 其他

6.01.2 防护不当

6.01.2.1 防护罩未在适当位置

6.01.2.2 防护装置调整不当

6.01.2.3 坑道掘进、隧道开凿支撑不当

6.01.2.4 防爆装置不当

6.01.2.5 采伐、集材作业安全距离不够

6.01.2.6 放炮作业隐蔽所有缺陷

6.01.2.7 电气装置带电部分裸露

6.01.2.8 其他

6.02 设备、设施、工具、附件有缺陷

6.02.1 设计不当,结构不合安全要求

6.02.1.1 通道门遮挡视线

6.02.1.2 制动装置有欠缺

6.02.1.3 安全间距不够

6.02.1.4 拦车网有缺欠

6.02.1.5 工件有锋利毛刺、毛边

6.02.1.6 设施上有锋利倒棱

6.02.1.7 其他

6.02.2　强度不够

6.02.2.1　机械强度不够

6.02.2.2　绝缘强度不够

6.02.2.3　起吊重物的绳索不合安全要求

6.02.2.4　其他

6.02.3　设备在非正常状态下运行

6.02.3.1　设备带"病"运转

6.02.3.2　超负荷运转

6.02.3.3　其他

6.02.4　维修、调整不良

6.02.4.1　设备失修

6.02.4.2　地面不平

6.02.4.3　保养不当、设备失灵

6.02.4.4　其他

6.03　个人防护用品用具——防护服、手套、护目镜及面罩、呼吸器官护具、听力护具、安全带、安全帽、安全鞋等缺少或有缺陷

6.03.1　无个人防护用品、用具

6.03.2　所用的防护用品、用具不符合安全要求

6.04　生产(施工)场地环境不良

6.04.1　照明光线不良

6.04.1.1　照度不足

6.04.1.2　作业场地烟雾尘弥漫视物不清

6.04.1.3　光线过强

6.04.2　通风不良

6.04.2.1　无通风

6.04.2.2　通风系统效率低

6.04.2.3　风流短路

6.04.2.4　停电停风时放炮作业

6.04.2.5　瓦斯排放未达到安全浓度放炮作业

6.04.2.6　瓦斯超限

6.04.2.7　其他

6.04.3　作业场所狭窄

6.04.4　作业场地杂乱

6.04.4.1　工具、制品、材料堆放不安全

6.04.4.2　采伐时,未开"安全道"

6.04.4.3　迎门树、坐殿树、搭挂树未做处理

6.04.4.4　其他

6.04.5　交通线路的配置不安全

6.04.6　操作工序设计或配置不安全

6.04.7　地面滑

6.04.7.1　地面有油或其他液体

6.04.7.2　冰雪覆盖

6.04.7.3　地面有其他易滑物

6.04.8　贮存方法不安全

6.04.9　环境温度、湿度不当

A.7 不安全行为

分类号

7.01　操作错误,忽视安全,忽视警告

7.01.1　未经许可开动、关停、移动机器

7.01.2　开动、关停机器时未给信号

7.01.3　开关未锁紧,造成意外转动、通电或泄漏等

7.01.4　忘记关闭设备

7.01.5　忽视警告标志、警告信号

7.01.6　操作错误(指按钮、阀门、搬手、把柄等的操作)

7.01.7　奔跑作业

7.01.8　供料或送料速度过快

7.01.9　机械超速运转

7.01.10　违章驾驶机动车

7.01.11 酒后作业

7.01.12 客货混载

7.01.13 冲压机作业时,手伸进冲压模

7.01.14 工件紧固不牢

7.01.15 用压缩空气吹铁屑

7.01.16 其他

7.02 安全装置失效

7.02.1 拆除了安全装置

7.02.2 安全装置堵塞,失掉了作用

7.02.3 调整的错误造成安全装置失效

7.02.4 其他

7.03 使用不安全设备

7.03.1 临时使用不牢固的设施

7.03.2 使用无安全装置的设备

7.03.3 其他

7.04 手代替工具操作

7.04.1 用手代替手动工具

7.04.2 用手清除切屑

7.04.3 不用夹具固定、用手拿工件进行机加工

7.05 物体(指成品、半成品、材料、工具、切屑和生产用品等)存放不当

7.06 冒险进入危险场所

7.06.1 冒险进入涵洞

7.06.2 接近漏料处(无安全设施)

7.06.3 采伐、集材、运材、装车时,未离危险区

7.06.4 未经安全监察人员允许进入油罐或井中

7.06.5 未"敲帮问顶"开始作业

7.06.6 冒进信号

7.06.7 调车场超速上下车

7.06.8 易燃易爆场合明火

7.06.9　私自搭乘矿车

7.06.10　在绞车道行走

7.06.11　未及时检查

7.07　攀、坐不安全位置(如平台护栏、汽车挡板、吊车吊钩)

7.08　在起吊物下作业、停留

7.09　机器运转时加油、修理、检查、调整、焊接、清扫等工作

7.10　有分散注意力行为

7.11　在必须使用个人防护用品用具的作业或场合中,忽视其使用

7.11.1　未戴护目镜或面罩

7.11.2　未戴防护手套

7.11.3　未穿安全鞋

7.11.4　未戴安全帽

7.11.5　未佩戴呼吸护具

7.11.6　未佩戴安全带

7.11.7　未戴工作帽

7.11.8　其他

7.12　不安全装束

7.12.1　在有旋转零部件的设备旁作业穿过肥大服装

7.12.2　操纵带有旋转零部件的设备时戴手套

7.12.3　其他

7.13　对易燃、易爆等危险物品处理错误

第三节　隐患统计分析

《公路水运工程平安工地建设考核评价指导性标准》(交安监发〔2018〕43号):定期统计分析隐患清单或台账,举一反三,制定治理措施。

第四节　重大事故隐患治理

《公路水运工程平安工地建设考核评价指导性标准》(交安监发〔2018〕

43 号）：重大事故隐患要挂牌整改，及时上报，项目负责人要带班检查。

《安全生产事故隐患排查治理暂行规定》第十五条第二款　对于重大事故隐患，由生产经营单位主要负责人组织制订并实施事故隐患治理方案。重大事故隐患治理方案应当包括以下内容：

（1）治理的目标和任务；

（2）采取的方法和措施；

（3）经费和物资的落实；

（4）负责治理的机构和人员；

（5）治理的时限和要求；

（6）安全措施和应急预案。

第七章　施工设备、设施、机具及防护用品管理

第一节　机械设备及防护用品管理

《公路水运工程平安工地建设考核评价指导性标准》（交安监发〔2018〕43 号）：

（1）建立机械设备分类管理台账；

（2）自有或租赁的施工机械设备、设施、机具及配件，应当具有生产（制造）许可证、产品合格证或者法定检验检测合格证明；

（3）施工现场的安全防护用具、机械设备、施工机具及配件必须由专人管理，定期进行检查、维修和保养，建立相应的资料档案，并按照国家有关规定及时报废；

（4）大型模板、承重支架及未列入国家特种设备目录的非标设备，应组织专家论证和验收。

《公路工程施工安全技术规范》（JTG F90—2015）

3.0.7　公路工程施工应为从业人员配备合格的安全防护用品和用具，并定期更换。从业人员在施工作业区域内，应正确使用安全防护用品和用具。

3.0.10　公路工程施工前,应全面检查施工现场、机具设备及安全防护设施等,施工条件应符合安全要求。用于施工临时设施受力构件的周转材料,使用前应进行材质检验。

3.0.12　机械设备上各种安全防护、保险限位装置及各种安全信息装置必须齐全有效。必须按照使用说明书规定的技术性能、承载能力和使用条件操作、使用,严禁超载、超速作业或任意扩大使用范围。

3.0.13　危险作业场所应按规定设置警戒区或其他安全防护、逃生设施。

3.0.14　施工现场出入口、沿线各交叉口、施工起重机械、临时用电设施以及脚手架等临时设施、民用爆炸物品和易燃易爆危险品库房、孔洞口、基坑边沿、桥梁边沿、码头边沿、隧道洞口和洞内等危险部位应设置明显的安全警示标志和必要的安全防护设施。

3.0.15　工程货运车辆严禁运送人员。

第二节　特种设备管理

《公路水运工程平安工地建设考核评价指导性标准》(交安监发〔2018〕43 号):

(1)特种设备安装拆除应由具备资质条件的单位承担,拆装应当编制方案、制定安全施工措施;

(2)特种设备投入使用前经检验合格,日常检查、维修、保养记录齐全;

(3)建立特种设备管理档案。

《公路工程施工安全技术规范》(JTG F90—2015)

3.0.11　公路工程施工使用的特种设备应按相关规定取得生产许可,应经检验合格并取得使用登记证书。

第三节　施工现场消防安全管理

《建筑灭火器配置验收及检查规范》(GB 50444—2008)

2.2.1　灭火器的进场检查应符合下列要求:

(1)灭火器应符合市场准入的规定,并应有出厂合格证和相关证书;

(2)灭火器的铭牌、生产日期和维修日期等标志应齐全;

(3)灭火器的类型、规格、灭火级别和数量应符合配置设计要求;

(4)灭火器筒体应无明显缺陷和机械损伤;

(5)灭火器的保险装置应完好;

(6)灭火器压力指示器的指针应在绿区范围内;

(7)推车式灭火器的行驶机构应完好。

3.1.3 灭火器的安装设置应便于取用,且不得影响安全疏散。

3.1.4 灭火器的安装设置应稳固,灭火器的铭牌应朝外,灭火器的器头宜向上。

3.1.5 灭火器设置点的环境温度不得超出灭火器的使用温度范围。

3.2.1 手提式灭火器宜设置在灭火器箱内或挂钩、托架上。对于环境干燥、洁净的场所,手提式灭火器可直接放置在地面上。

3.2.2 灭火器箱不应被遮挡、上锁或拴系。

3.2.3 灭火器箱的箱门开启应方便灵活,其箱门开启后不得阻挡人员安全疏散。除不影响灭火器取用和人员疏散的场合外,开门型灭火器箱的箱门开启角度不应小于175°,翻盖型灭火器箱的翻盖开启角度不应小于100°。

3.2.7 嵌墙式灭火器箱及挂钩、托架的安装高度应满足手提式灭火器顶部离地面距离不大于1.50m,底部离地面距离不小于0.08m的规定。

3.3.1 推车式灭火器宜设置在平坦场地,不得设置在台阶上。在没有外力作用下,推车式灭火器不得自行滑动。

3.4.3 设置在室外的灭火器应采取防湿、防寒、防晒等相应保护措施。

5.2.1 灭火器的配置、外观等应按要求每月进行一次检查。

5.2.4 灭火器的检查记录应予保留。

《建设工程施工现场消防安全技术规范》(GB 50720—2011)

3.2.1 易燃易爆危险品库房与在建工程的防火间距不应小于15m,可燃材料堆场及其加工场、固定动火作业场与在建工程的防火间距不应小于10m,其他临时用房、临时设施与在建工程的防火间距不应小于6m。

4.2.1 建筑构件的燃烧性能等级应为A级。当采用金属夹芯板材时,其芯材的燃烧性能等级应为 A 级。

4.3.3 既有建筑进行扩建、改建施工时,必须明确划分施工区和非施工区。施工区不得营业、使用和居住;非施工区继续营业、使用和居住时,应符合下列规定:

(1)施工区和非施工区之间应采用不开设门、窗、洞口的耐火极限不低于 3.0h 的不燃烧体隔墙进行防火分隔;

(2)非施工区内的消防设施应完好和有效,疏散通道应保持畅通,并应落实日常值班及消防安全管理制度;

(3)施工区的消防安全应配有专人值守,发生火情应能立即处置;

(4)施工单位应向居住和使用者进行消防宣传教育,告知建筑消防设施、疏散通道的位置及使用方法,同时应组织疏散演练;

(5)外脚手架搭设不应影响安全疏散、消防车正常通行及灭火救援操作,外脚手架搭设长度不应超过该建筑物外立面周长的 1/2。

5.1.4 施工现场的消火栓泵应采用专用消防配电线路。专用消防配电线路应自施工现场总配电箱的总断路器上段接入,且应保持不间断供电。

5.3.5 临时用房的临时室外消防用水量不应小于表 5.3.5 的规定。

表 5.3.5 临时用房的临时室外消防用水量

临时用房的建筑面积之和	火灾延续时间(h)	消防栓用水量(L/S)	每支水枪量小用水量(L/S)
1000m² < 面积 ≤ 5000m²	1	10	5
面积 > 5000m²		15	5

5.3.6 在建工程的临时室外消防用水量不应小于表 5.3.6 的规定。

表 5.3.6 在建工程的临时室外消防用水量

在建工程(单体)体积	火灾延续时间(h)	消防栓用水量(L/S)	每支水枪量小用水量(L/S)
10000m³ < 体积 ≤ 30000m³	1	15	5
体积 > 30000m³	2	20	5

5.3.9　在建工程的临时室内消防用水量不应小于表5.3.9的规定。

5.3.9　在建工程的临时室内消防用水量

建筑高度、在建工程体积 （单体）	火灾延续 时间（h）	消防栓 用水量（L/S）	每支水枪量小 用水量（L/S）
24m＜建筑高度≤50m 或 30000m³＜体积≤50000m³	1	10	5
建筑高度＞50m 或体积＞50000m³	1	15	5

6.2.1　用于在建工程的保温、防水、装饰及防腐等材料的燃烧性能等级应符合设计要求。

6.2.3　室内使用油漆及其有机溶剂、乙二胺、冷底子油等易挥发产生易燃气体的物质作业时，应保持良好通风，作业场所严禁明火，并应避免产生静电。

6.3.1

（3）焊接、切割、烘烤或加热等动火作业前，应对作业现场的可燃物进行清理；作业现场及其附近无法移走的可燃物应采用不燃材料对其覆盖或隔离。

（5）裸露的可燃材料上严禁直接进行动火作业。

（9）具有火灾、爆炸危险的场所严禁明火。

6.3.3

储装气体的罐瓶及其附件应合格、完好和有效；严禁使用减压器及其他附件缺损的氧气瓶，严禁使用乙炔专用减压器、回火防止器及其他附件缺损的乙炔瓶。

第八章　安全技术管理

第一节　施工组织设计

《公路水运工程平安工地建设考核评价指导性标准》（交安监发〔2018〕

43号）：施工组织设计应结合风险评估结论，制定有针对性的安全技术保障措施，并经施工企业技术负责人审核、签认，企业内部审批手续齐全。

第二节　专项施工方案

《公路水运工程平安工地建设考核评价指导性标准》（交安监发〔2018〕43号）：对评估达到重大风险的工程和危险性较大分部分项工程，应编制专项施工方案。按规定程序对专项施工方案组织评审。超过一定规模的危险性较大分部分项工程专项施工方案应组织专家论证。严格按专项施工方案落实到位。

第三节　安全技术交底

《公路水运工程平安工地建设考核评价指导性标准》（交安监发〔2018〕43号）：明确安全技术交底的责任人、对象、方法、内容。逐级交底记录清晰、真实，内容合理。建立安全技术交底台账。

《公路工程施工安全技术规范》（JTG F90—2015）

3.0.5　公路工程施工前应逐级进行安全技术交底，内容包括安全技术要求、风险状况、应急处置措施等内容。

《高速公路项目建设管理规范》（DB33/T 2003—2016）

7.2.3　组织交桩和设计技术交底

7.2.3.1　在施工单位进场后，应尽快组织设计单位、监理单位、施工单位对控制测量桩、路线控制桩及必要的标志桩等进行交接，并督促开展复测工作。

7.2.3.2　在工程施工前，应按以下要求组织召开设计技术交底会议。

（1）参加人员包括设计单位项目负责人、设计代表，监理单位总监及各专业监理工程师，施工单位项目经理、技术负责人、各分项专业负责人等；

（2）项目设计负责人对项目概况、设计意图、设计标准和要点、材料和工艺的要求、施工中应特别注意的事项，以及施工安全、环保工作的要求等进行交底，并对施工图设计文件中的问题或疑点进行澄清。

（3）设计技术交底会议应形成书面会议记录并印发。

第四节 临时用电方案

《公路水运工程平安工地建设考核评价指导性标准》（交安监发〔2018〕43号）：按规定制订临时用电方案。标注临时用电平面布置图，附施工现场用电负荷计算资料。施工现场临时用电的巡视、维修、保养记录完整。

《公路工程施工安全技术规范》（JTG F90—2015）

3.0.2 公路工程施工应进行现场调查，应在施工组织设计中编制安全技术措施和施工现场临时用电方案，对于危险性较大的工程应编制专项施工方案，并附安全验算结果，或组织专家进行论证、审查。

第九章 安全教育培训

第一节 三级安全教育

《公路水运工程平安工地建设考核评价指导性标准》（交安监发〔2018〕43号）：

（1）制订年度安全教育培训计划并实施；

（2）对从业人员进行安全生产教育和培训，保证从业人员具备必要的安全生产知识，考核合格后方可上岗；

（3）新职工上岗前必须进行三级安全教育。转岗、复岗人员应重新接受教育。

第二节 经常性培训和警示教育

《公路水运工程平安工地建设考核评价指导性标准》（交安监发〔2018〕43号）：结合季节特点、施工特点、安全形势等开展经常性教育和警示教育。

第三节 "四新"培训

《公路水运工程平安工地建设考核评价指导性标准》(交安监发〔2018〕43 号):采用新工艺、新技术前或使用新设备、新材料前,应对从业人员进行专门的安全生产培训。

第四节 生产经营单位安全培训规定

《生产经营单位安全培训规定》第九条 生产经营单位主要负责人和安全生产管理人员初次安全培训时间不得少于 32 学时。每年再培训时间不得少于 12 学时。

第十三条 生产经营单位新上岗的从业人员,岗前安全培训时间不得少于 24 学时。

《公路水运工程施工安全标准化指南》(交通运输部工程质量监督局组织编写,2013 年 6 月):

(1)工程参建单位应严格执行国家、地方、行业及企业对员工安全教育培训的有关规定,适时组织员工和特种作业人员的教育培训工作,从业人员应按规定持有效的资格证书上岗,未经安全生产教育培训考核或者培训考核不合格的人员,不得上岗作业;

(2)安全教育培训应坚持先培训、后上岗的原则;安全教育培训有"三类人员"培训、特种作业人员培训、进场安全教育、三级安全教育、班前(岗前)安全教育等形式;

(3)安全教育培训应贯穿施工全过程,并有计划地分层次、分岗位、分工种实施,所有安全教育要有受教育人的亲笔签名,其教育培训情况记入个人工作档案;

(4)"三类人员"应参加规定课时和规定内容的安全教育培训,取得考核合格证,并应在证书有效期内至少参加一次由交通运输主管部门组织的、不少于 8 学时的安全生产继续教育;

(5)特种作业人员应参加相关主管部门的安全培训,取得特种作业操作

资格证书,并按规定参加复审培训;

(6)新工人进场应进行公司级、项目部级、班组级三级安全教育,公司级、项目部级不少于 15 学时,班组级不少于 20 学时;

(7)施工单位在采用新技术、新工艺、新设备、新材料时,应对作业人员进行相应的安全生产教育培训;

(8)新进人员和作业人员进入新的施工现场或转入新的岗位前,应进行安全生产培训;

(9)施工单位应对管理人员和作业人员进行每年不少于两次的安全生产教育培训;

(10)施工单位法定代表人、生产经营负责人、项目经理每年接受安全培训的时间不得少于 30 学时;

(11)专职安全管理人员每年应接受安全技术专业培训的时间不得少于 40 学时;

(12)其他管理人员和技术人员每年应接受安全培训的时间不得少于 20 学时;

(13)特殊工种(包括电工、焊工、架子工、司炉工、爆破工、机械操作工、起重工、塔吊司机及指挥人员、人货两用电梯司机等)在通过专业技术培训并取得岗位操作证后,每年仍须接受有针对性的安全培训,时间不得少于 20 学时;

(14)企业其他职工每年接受安全培训的时间不得少于 15 学时;

(15)企业待岗、转岗、换岗的职工,在重新上岗前,应接受一次安全培训,培训时间不少于 20 学时。

第十章 应急预案及演练

第一节 应急预案

《生产安全事故应急条例》(国务院令第 708 号)第五条第二款 生产经

营单位应当针对本单位可能发生的生产安全事故的特点和危害,进行风险辨识和评估,制订相应的生产安全事故应急救援预案,并向本单位从业人员公布。

《公路工程施工安全技术规范》(JTG F90—2015)

3.0.9 公路工程施工应编制综合应急预案、专项应急预案和现场应急处置方案,配备应急物资,并应定期组织相关人员进行应急培训和演练。

《建筑施工安全技术统一规范》(GB 50870—2013)

7.2.2 建筑施工安全应急救援预案应对安全事故的风险特征进行安全技术分析,对可能引发次生灾害的风险,应有预防技术措施。

《公路水运工程平安工地建设考核评价指导性标准》(交安监发〔2018〕43号):制订操作性强的各类专项应急预案及现场处置方案。建立应急管理组织,配备兼职的应急队伍。

第二节　应急演练

《公路水运工程安全生产监督管理办法》(交通运输部令2017年第25号)第二十五条第一款　建设、施工等单位应当针对工程项目特点和风险评估情况分别制定项目综合应急预案、合同段施工专项应急预案和现场处置方案,告知相关人员紧急避险措施,并定期组织演练。

《生产安全事故应急预案管理办法》(应急管理部令第2号)第三十三条生产经营单位应当制订本单位的应急预案演练计划,根据本单位的事故风险特点,每年至少组织一次综合应急预案演练或者专项应急预案演练,每半年至少组织一次现场处置方案演练。

《公路工程施工安全技术规范》(JTG F90—2015)

3.0.9 公路工程施工应编制综合应急预案、专项应急预案和现场应急处置方案,配备应急物资,并应定期组织相关人员进行应急培训和演练。

《公路水运工程平安工地建设考核评价指导性标准》(交安监发〔2018〕43号):有针对性地开展应急培训和演练,并及时总结完善。

第三节　应急器材、设备、物资管理

《公路水运工程安全生产监督管理办法》（交通运输部令 2017 年第 25 号）第二十五条第二款　施工单位应当依法建立应急救援组织或者指定工程现场兼职的、具有一定专业能力的应急救援人员，配备必要的应急救援器材、设备和物资，并进行经常性维护、保养。

《公路水运工程平安工地建设考核评价指导性标准》（交安监发〔2018〕43 号）：

（1）建立应急救援的器材、设备、物资清单，应急物资不得随意使用；

（2）建立消防设施和灭火器材等消防器材设备清单，定期检查维护。

《公路工程施工安全技术规范》（JTG F90—2015）

3.0.9　公路工程施工应编制综合应急预案、专项应急预案和现场应急处置方案，配备应急物资，并应定期组织相关人员进行应急培训和演练。

第十一章　安全生产费用

第一节　安全生产费用提取

《公路水运工程平安工地建设考核评价指导性标准》（交安监发〔2018〕43 号）：根据年度施工计划编制年度安全生产费用提取、使用计划，并按规定足额提取。

《公路工程施工安全技术规范》（JTG F90—2015）

3.0.6　公路工程施工应按国家有关规定提取、使用安全生产费用。

《浙江省交通建设工程质量和安全生产管理条例》第九条　交通建设工程招标文件应当明确安全生产要求，施工招标文件还应当明确安全生产费用的提取标准。施工安全生产费用不得作为竞争性报价，费用提取标准不得低于国家规定的标准。

施工单位的安全生产费用应当在工程报价中单列，专款用于保障和改

善安全生产条件,经监理单位审核和建设单位确认后在报价范围内据实列支。实际工程量超过合同约定工程量的,安全生产费用在根据实际工程量以及费用提取标准确定的额度内据实列支。

第二节 安全生产费用使用

《公路水运工程平安工地建设考核评价指导性标准》(交安监发〔2018〕43号):按规定提取使用年度安全生产费用,建立使用台账。

第十二章 分包队伍管理

第一节 资质管理

《建筑业企业资质标准》(建市〔2014〕159号):

49 施工劳务企业资质标准:

49.1 资质标准

49.1.1 企业资产

(1)净资产200万元以上。

(2)具有固定的经营场所。

49.1.2 企业主要人员

(1)技术负责人具有工程序列中级以上职称或高级工以上资格。

(2)持有岗位证书的施工现场管理人员不少于5人,且施工员、质量员、安全员、劳务员等人员齐全。

(3)经考核或培训合格的技术工人不少于50人。

49.2 承包业务范围:可承担各类施工劳务作业。

《公路水运工程平安工地建设考核评价指导性标准》(交安监发〔2018〕43号):对分包单位营业执照、企业资质等级证书、安全生产许可证、安全生产考核合格证书等进行审查备案。分包协议明确双方安全管理责任义务。

《浙江省交通建设工程质量和安全生产管理条例》第十一条 施工单位

就工程内容与其他单位实施劳务合作的,应当选择依法设立的劳务派遣单位。

施工单位不得以劳务合作、设施设备租赁等名义实施工程分包,不得通过将同一工程内容与同一单位或者同一投资人设立的不同单位签订劳务合作合同和设施设备租赁合同的方式实施工程分包。

建设单位、监理单位应当对施工单位的劳务合作合同、设施设备租赁合同内容及其执行情况实施检查。

第二节　安全教育培训

《公路水运工程平安工地建设考核评价指导性标准》(交安监发〔2018〕43号):及时组织对分包单位入场作业人员进行安全教育培训。建立班组实名登记台账。

第三节　日常管理

《公路水运工程平安工地建设考核评价指导性标准》(交安监发〔2018〕43号):
(1)组织分包单位定期开展安全风险辨识和告知;
(2)施工前所有人员应接受安全技术交底并签字确认;
(3)定期开展安全检查,及时开展事故隐患排查治理;
(4)配备合格的劳动防护用品。

第四节　分包考核

《公路水运工程平安工地建设考核评价指导性标准》(交安监发〔2018〕43号):定期对分包单位关键岗位人员进行考核,考核不合格不用。

《浙江省交通建设工程质量和安全生产管理条例》第十条　禁止从业单位允许其他单位或者个人以本单位名义承揽工程。

交通建设工程禁止分包的,承包合同应当予以明确;交通建设工程允许分包的,承包合同应当列明分包单位的资质条件。承包合同对工程分包未予明确,工程内容依法允许分包并且需要实施分包的,承包单位应当制订工程分包方案,列明拟分包的工程内容和分包单位的资质条件。分包方案应当经监理单位审核后,报建设单位认可。

建设单位、监理单位应当对分包合同内容及其执行情况实施检查。

第十三章 落实行业主管部门安全生产专项工作

第一节 行业主管部门安全生产专项工作落实情况

《公路水运工程平安工地建设考核评价指导性标准》(交安监发〔2018〕43号):严格落实行业主管部门布置的安全生产专项工作。制订具体的落实方案或行动计划。严格按方案或计划执行。

第二节 考核评价

《公路水运工程平安工地建设考核评价指导性标准》(交安监发〔2018〕43号):

(1)按照平安工地建设考核评价标准,定期开展自我评价;

(2)评价资料真实、准确。

第三篇　现场管理类隐患清单

第十四章　施工准备

第一节　驻地和场站建设

《建筑施工安全技术统一规范》(GB 50870—2013)

5.2.1　对建筑施工临时结构应做安全技术分析,并应保证在设计规定的使用工况下保持整体稳定性。

《公路工程施工安全技术规范》(JTG F90—2015)

3.0.8　施工现场、生产区、生活区、办公区应按规定配备满足要求且有效的消防设施和器材。

4.1.1　施工现场驻地和场站应选在地质良好的地段,应避开易发生滑坡、塌方、泥石流、崩塌、落石、洪水、雪崩等危险区域,宜避让取土、弃土场地。

4.1.2　施工现场生产区、生活区、办公区应分开设置,距离集中爆破区应不小于500m。

4.1.3　施工现场临时用房、临时设施、生产区、生活区、办公区的防火间距应符合现行《建设工程施工现场消防安全技术规范》(GB 50720)的相关要求。

4.1.4　办公区、生活区宜避开存在噪声、粉尘、烟雾或对人体有害物质的区域,无法避开时应设在噪声、粉尘、烟雾或对人体有害物质所在区域最大频率风向的上风侧。

4.1.5　施工现场原材料、半成品、成品、预制构件等堆放及机械、设备停放应整齐、稳固、规范、标识清楚，且不得侵占场内道路或影响安全。

4.1.6　材料加工场应符合下列规定：

(1)宜设围墙或围栏防护实行封闭管理，并宜设排水设施；

(2)场内应设置明显的安全警示标志及相关工种的操作规程；

(3)加工棚宜采用轻钢结构，并应采取防雨雪、防风等措施。

4.1.7　预制场、拌和场应符合下列规定：

(1)应合理分区、硬化场地，并应设置排水设施；

(2)拌和及起重设备基础的地基承载力应满足要求，材料及成品存放区地基应稳定；

(3)料仓墙体强度和稳定性应满足要求，料仓墙体外围应设警戒区，距离宜不小于墙高2倍；

(4)拌和及起重设备应设置防倾覆和防雷设施。

4.1.8　施工现场变电站建设应符合现行《施工现场临时用电安全技术规范》(JGJ46)的有关规定。

4.1.9　储油罐的设置应符合下列规定：

(1)储油罐与在建工程的防火间距应不小于15m，并应远离明火作业区、人员密集区、建(构)筑物集中区；

(2)储油罐顶部应设置遮阳棚；

(3)应按要求配备泡沫灭火器、干粉灭火器、沙土袋、沙土箱等灭火消防器材及沙土等灭火消防材料；

(4)应设防静电、防雷接地装置及加油车接地装置，接地电阻不得大于10Ω；

(5)应悬挂醒目的禁止烟火等警示标识。

第二节　施工便道

《公路工程施工安全技术规范》(JTG F90—2015)

4.2.1　施工便道应根据运输荷载、使用功能、环境条件进行设计和施

工,不得破坏原有水系、降低原有泄洪能力,并应符合下列规定:

(1)双车道施工便道宽度不宜小于6.5m;

(2)单车道施工便道宽度不宜小于4.5m,并宜设置错车道,错车道应设在视野良好地段,间距不宜大于300m。设置错车道路段的施工便道宽度宜不小于6.5m,有效长度宜不小于20m;

(3)路拱坡度应根据路面类型和现场自然条件确定,并应大于1.5%;

(4)施工便道应根据需要设置排水沟和圆管涵等排水设施;

(5)施工便道在急弯、陡坡、连续转弯等危险路段应进行硬化,设置警示标志,并根据需要设置防护设施;

(6)施工便道中易发生落石、滑坡等危险路段应根据需要设置防护设施。

4.2.2 施工便道与既有道路平面交叉处应设置道口警示标志,有高度限制的应设置限高架。

4.2.3 施工便桥应根据使用要求和水文条件进行设计,并应设置限宽、限速、限载标志,建成后应验收。

第三节 临时码头和栈桥

《公路工程施工安全技术规范》(JTG F90—2015)

4.3.1 临时码头宜选择在水域开阔、岸坡稳定、波浪流速较小、水深适宜、地质条件较好、陆路交通便利的岸段。

4.3.2 临时码头宜设置在桥梁、隧道、大坝、架空高压线、水下管道、取水泵房、危险品库、水产养殖场等区域的下游方向,与其他构筑物的安全距离应符合现行《海港总平面设计规范》(JTJ 211)和《河港工程总体设计规范》(JTJ 211)的有关规定。

4.3.3 临时码头应按照使用要求和相应的技术规范进行设计、施工和验收,并应设置安全警示标志,配备相应的安全防护设施。

4.3.4 栈桥和栈桥码头应按照使用要求和相应的技术规范进行设计、施工和验收,并应符合下列规定:

（1）通航水域搭设的栈桥和栈桥码头应取得海事和航道管理部门批准，并应按要求设置航行警示标志；

（2）栈桥和栈桥码头的设计应考虑自重荷载、车辆荷载、波浪力、风力、水流力、船舶系靠力及漂浮物、腐蚀等，并应按施工期可能出现的最不利荷载组合进行验算；

（3）栈桥和栈桥码头应设置行车限速、防船舶碰撞、防人员触电及落水等安全警示标志和救生器材；

（4）栈桥上车辆和人员行走区域的面板满铺，并应与下部结构连接牢固。悬臂板应采取有效的加固措施；

（5）栈桥两侧和栈桥码头四周应设置高度不低于 1.2m 的防护栏杆。防护栏杆上任何部位应能承受 1000N 的外力；

（6）栈桥行车道两侧宜设置护轮坎；

（7）长距离栈桥应设置会车、掉头区域，间隔不宜大于 500m；

（8）通过栈桥的电缆应绝缘良好，并应固定在栈桥的一侧；

（9）发生栈桥面或栈桥码头面被洪水、潮汛淹没，或栈桥被船舶撞击，或桩柱受海水严重腐蚀等情况，应重新检修、复核原构筑物；

（10）栈桥应设置满足施工安全要求的照明设施；

（11）栈桥和栈桥码头应设专人管理，非施工车辆及人员不得进入，非施工船舶不得靠泊。

第四节　施工临时用电

《施工现场临时用电安全技术规范》（JGJ 46—2005）

1.0.3　建筑施工现场临时用电工程专用的电源中性点直接接地的 220/380V 三相四线制低压电力系统，必须符合下列规定：

（1）采用三级配电系统；

（2）采用 TN—S 接零保护系统；

（3）采用二级漏电保护系统。

3.1.4　临时用电组织设计及变更时，必须履行"编制、审核、批准"程序,由电气工程技术人员组织编制,经相关部门审核及具有法人资格企业的技术负责人批准后实施。变更用电组织设计时应补充有关图纸资料。

3.1.5　临时用电工程必须经编制、审核、批准部门和使用单位共同验收,合格后方可投入使用。

3.3.4　临时用电工程定期检查应按分部、分期工程进行,对安全隐患必须及时处理,并应履行复查验收手续。

《公路工程施工安全技术规范》(JTG F90—2015)

4.4.1　施工现场临时用电应符合现行《施工现场临时用电安全技术规范》(JGJ 46)的有关规定。

4.4.2　施工用电设备数量在 5 台及以上,或用电设备容量在 50kW 及以上时,应编制用电组织设计。

4.4.3　施工现场临时用电工程专用的电源中性点直接接地的 220/380V 三相四线制低压电力系统,必须符合下列规定:

(1)采用三级配电系统;

(2)采用 TN—S 接零保护系统;

(3)采用二级保护系统。

4.4.4　电线架设应符合下列规定:

(1)架空线路宜避开施工作业面、作业棚、生活设施和器材堆放场地;

(2)架空线路边线无法避开在建工程(含脚手架)时,其安全距离符合:外电线路电压等级＜1kV,安全距离＞4m;外电线路电压等级 1—10kV,安全距离＞6m;外电线路电压等级 35—110kV,安全距离＞8m;外电线路电压等级 220kV,安全距离＞10m;外电线路电压等级 330—500kV,安全距离＞15m;

(3)施工现场的机动车道与外电架空线路交叉时,架空线路的最低点与路面的垂直安全距离应符合:外电线路电压等级＜1kV,垂直安全距离＞6m;外电线路电压等级 1—10kV,垂直安全距离 7m;外电线路电压等级＞35kV,垂直安全距离＞8m。

4.4.5　铺设电缆线应符合下列规定:

(1)施工现场开挖沟槽边缘与埋设电缆沟槽边缘的安全距离不得小

于 0.5m；

（2）地下埋设电缆应设防护管；

（3）架空铺设电缆应沿墙或电杆做绝缘固定；

（4）通往水上的岸电应用绝缘物架设，电缆线应留有余量，作业过程中不得挤压或拉拽电缆线。

4.4.6　水上或潮湿地带的电缆线必须绝缘良好并具有防水功能，电缆线接头必须经防水处理。

4.4.7　每台用电设备必须独立设置开关箱；开关箱必须装设隔离开关及短路、过载、漏电保护器，严禁设置分路开关；配电箱、开关箱的电源进线端严禁用插头和插座做活动连接。

4.4.8　配电箱及开关箱设置应符合下列规定：

（1）总配电箱应设在靠近电源的区域；分配电箱应设在用电设备或负荷相对集中的区域；开关箱与分配电箱的距离不得大于 30m，开关箱应靠近用电设备，与其控制的固定式用电设备水平距离不宜大于 3m；

（2）动力配电箱与照明配电箱宜分别设置。合并设置的配电箱，动力和照明应分路设置；

（3）配电箱、开关箱应装设在干燥、通风及常温场所，不得装设在存在瓦斯、烟气、潮气及其他有害介质的场所；

（4）配电箱、开关箱应选用专业厂家定型、合格产品；

（5）总配电箱中漏电保护器的额定漏电动作电流应大于 30mA，额定漏电动作时间应大于 0.1s，额定漏电动作电流与额定漏电动作时间的乘积不得大于 30mA·s。开关箱中漏电保护器的额定漏电动作电流不得大于 30mA，额定漏电动作时间不应大于 0.1s。潮湿或有腐蚀介质场所的漏电保护器应采用防溅型产品，额定漏电动作电流不得大于 15mA，额定漏电动作时间不得大于 0.1s；

（6）配电箱、开关箱应装设端正、牢固。固定式配电箱、开关箱的中心点与地面的垂直距离应为 1.4m～1.6m。移动式配电箱、开关箱应装设在坚固、稳定的支架上，其中心点与地面的垂直距离应为 0.8m～1.6m。

4.4.9　遇有临时停电、停工、检修或移动电气设备时，应关闭电源。

5.1.1　在施工现场专用变压器的供电的 TN—S 接零保护系统中,电气设备的金属外壳必须与保护零线连接。保护零线应由工作接地线、配电室(总配电箱)电源侧零线或总漏电保护器电源侧零线处引出,如图 5.1.1 所示。

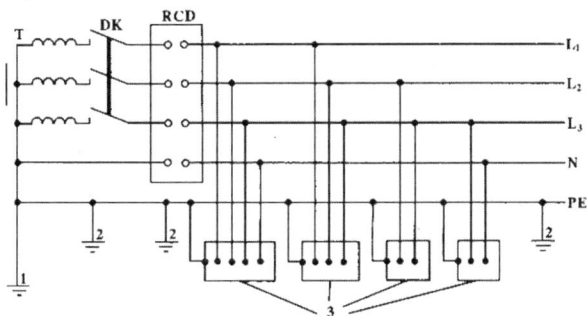

1—工作接地;2—PE 线重复接地;3—电气设备金属外壳(正常不带电的外露可导电部分);T—变压器

图 5.1.1　专用变压器供电时 TN—S 接零保护系统示意

5.1.2　当施工现场与外电线路共用同一供电系统时,电气设备的接地、接零保护应与原系统保护一致。不得一部分设备做保护接零,另一部分设备做保护接地。

采用 TN 系统做保护接零时,工作零线(N 线)必须通过总漏电保护器,保护零线(PE 线)必须由电源进线零线重复接地处或总漏电保护器电源侧零线处,引出形成局部 TN—S 接零保护系统,如图 5.1.2 所示。

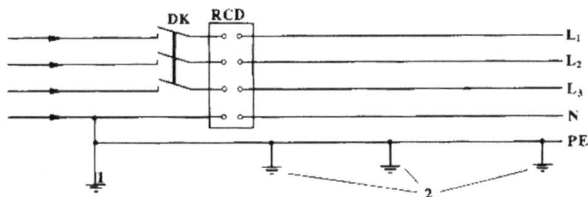

1—NPE 线重复接地;2—PE 线重复接地;L₁、L₂、L₃—相线;N—工作零线;PE—保护零线;DK—总电源隔离开关;RCD—总漏电保护器(兼有短路、过载、漏电保护功能的漏电断路器)

图 5.1.2　三相四线供电时局部 TN—S 接零保护系统保护零线引出示意

5.1.10　PE 线上严禁装设开关或溶断器,严禁通过工作电流,且严禁断线。

5.3.2　TN 系统中的保护零线除必须在配电室或总配电箱处做重复接地外,还必须在配电系统的中间处和末端处做重复接地。

在 TN 系统中,保护零线每一处重复接地装置的接地电阻值不应大于 10Ω。在工作接地电阻值允许达到 10Ω 的电力系统中,所有重复接地的等效电阻值不应大于 10Ω。

5.4.7　做防雷接地机械上的电气设备,所连接的 PE 线必须同时做重复接地,同一台机械电气设备的重复接地和机械的防雷接地可共用同一接地体,但接地电阻应符合重复接地电阻值的要求。

6.1.6　配电箱应装设电源隔离开关及短路、过载、漏电保护电器。电源隔离开关分断时应有明显可见分断点。

6.1.8　配电箱或配电线路停电维修时,应挂接地线,并应悬挂"禁止合闸、有人工作"停电标志牌。停送电必须由专人负责。

6.2.3　发电机组电源必须与外电线路电源连锁,严禁并列运行。

6.2.7　发电机组并列运行时,必须装设同期装置,并在机组同步运行后再向负载供电。

7.2.1　电缆中必须包含全部工作芯线和用作保护零线或保护线的芯线。需要三相四线制配电的电缆线路必须采用五芯电缆。

五芯电缆必须包含淡蓝、绿/黄两种颜色绝缘芯线。淡蓝色芯线必须用作 N 线;绿/黄双色芯线必须用作 PE 线,严禁混用。

7.2.3　电缆线路应采用埋地或架空敷设,严禁沿地面明设,并应避免机械损伤和介质腐蚀。埋地电缆路径应设方位标志。

8.1.3　每台用电设备必须有各自专用的开关箱,严禁用同一个开关箱直接控制 2 台及 2 台以上用电设备(含插座)。

8.1.11　配电箱的电器安装板上必须分设 N 线端子板和 PE 线端子板。N 线端子板必须与金属电安装板绝缘;PE 线端子板必须与金属电器安装板做电气连接。

8.2.10　开关箱中漏电保护器的额定漏电动作电流不应大于 30mA,额定漏电动作时间不应大于 0.1s。

使用于潮湿或有腐蚀介质场所的漏电保护器应采用防溅型产品，其额定漏电动作电流不应大于 15mA，额定漏电动作时间不应大于 0.1s。

8.2.11　总配电箱中漏电保护器的额定漏电动作电流应大于 30mA，额定漏电动作时间应大于 0.1s，但其额定漏电动作电流与额定漏电动作时间的乘积不应大于 30mA·s。

8.2.15　配电箱、开关箱的电源进线端严禁采用插头和插座做活动连接。

8.3.4　对配电箱、开关箱进行定期维修、检查时，必须将其前一级相应的电源隔离开关分闸断电，并悬挂"禁止合闸、有人工作"停电标志牌，严禁带电作业。

9.7.3　对混凝土搅拌机、钢筋加工机械、木工机械、盾构机械等设备进行清理、检查、维修时，必须首先将其开关箱分闸断电，呈现可见电源分断点，并关门上锁。

10.2.2　下列特殊场所应使用安全特低电压照明器：

(1)隧道、人防工程、高温、有导电灰尘、比较潮湿或灯具离地面高度低于 2.5m 等场所的照明，电源电压不应大于 36V；

(2)潮湿和易触及带电体场所的照明，电源电压不得大于 24V；

(3)特别潮湿场所、导电良好的地面、锅炉或金属容器内的照明，电源电压不得大于 12V。

10.2.5　照明变压器必须使用双绕组型安全隔离变压器，严禁使用自耦变压器。

10.3.11　对夜间影响飞机或车辆通行的在建工程及机械设备，必须设置醒目的红色信号灯，其电源应设在施工现场总电源开关的前侧，并应设置外电线路停止供电时的应急自备电源。

《建设工程施工现场供用电安全规范》(GB 50194—2014)

4.0.4　发电机组电源必须与其他电源互相闭锁，严禁并列运行。

8.1.10　保护导体(PE)上严禁装设开关或熔断器。

8.1.12　严禁利用输送可燃液体、可燃气体或爆炸性气体的金属管道作为电气设备的接地保护导体(PE)。

10.2.4　严禁利用额定电压 220V 的临时照明灯具作为行灯使用。

10.2.7　行灯变压器严禁带入金属容器或金属管道内使用。

11.2.3　在易燃、易爆区域内进行用电设备检修或更换工作时,必须断开电源,严禁带电作业。

11.4.2　在潮湿环境中严禁带电进行设备检修工作。

第五节　施工机械设备

《公路工程施工安全技术规范》(JTG F90—2015)

4.6.1　应制定施工机械设备安全技术操作规程,建立设备安全技术档案。

4.6.2　施工机械设备进场前应查验机械设备证件、性能、状况;进场后,应向操作人员进行安全技术交底。

4.6.3　特种设备现场安装、拆除应按照相关规定具有相应作业资质。

4.6.4　龙门吊、架桥机等轨道行走类设备应设置夹轨器和轨道限位器。轨道的基础承载力、宽度、平整度、坡度、轨距、曲线半径等应满足说明书和设计要求。

4.6.5　机械设备集中停放的场所应设置消防通道,并应配备消防器材。

4.6.6　施工现场专用机动车辆驾驶人员应按相关规定经过专门培训,并应取得相应资格证书。

4.6.7　施工现场运输车辆应状况良好,车身应设置反光警示标识。

《建筑机械使用安全技术规程》(JGJ 33—2012)

2.0.1　特种设备操作人员应经过专业培训、考核合格取得建设行政主管部门颁发的操作证,并应经过安全技术交底后持证上岗。

2.0.2　机械必须按出厂使用说明书规定的技术性能、承载能力和使用条件,正确操作,合理使用,严禁超载、超速作业或任意扩大使用范围。

2.0.3　机械上的各种安全防护和保险装置及各种安全信息装置必须

齐全有效。

2.0.21 清洁、保养、维修机械或电气装置前,必须先切断电源,等机械停稳后再进行操作。严禁带电或采用预约停送电时间的方式进行检修。

4.1.11 建筑起重机械的变幅限位器、力矩限制器、起重量限制器、防坠安全器、钢丝绳防脱装置、防脱钩装置以及各种行程限位开关等安全保护装置,必须齐全有效,严禁随意调整或拆除。严禁利用限制器和限位装置代替操纵机构。

4.1.14 在风速达到 9.0m/s 及以上或大雨、大雪、大雾等恶劣天气时,严禁进行建筑起重机械的安装拆卸作业。

4.5.2 桅杆式起重机专项方案必须按规定程序审批,并应经专家论证后实施。施工单位必须指定安全技术人员对桅杆式起重机的安装、使用和拆卸进行现场监督和监测。

5.1.4 作业前,必须查明施工场地内明、暗铺设的各类管线等设施,并应采用明显记号标识。严禁在离地下管线、承压管道 1m 距离以内进行大型机械作业。

5.1.10 机械回转作业时,配合人员必须在机械回转半径以外工作。当需在回转半径以内工作时,必须将机械停止回转并制动。

5.5.6 作业中,严禁人员上下机械,传递物件,以及在铲斗内、拖把或机架上坐立。

5.10.20 装载机转向架未锁闭时,严禁站在前后车架之间进行检修保养。

5.13.7 夯锤下落后,在吊钩尚未降至夯锤吊环附近前,操作人员严禁提前下坑挂钩。从坑中提锤时,严禁挂钩人员站在锤上随锤提升。

7.1.23 桩孔成型后,当暂不浇注混凝土时,孔口必须及时封盖。

8.2.7 料斗提升时,人员严禁在料斗下停留或通过;当需在料斗下方进行清理或检修时,应将料斗提升至上止点,并必须用保险销锁牢或用保险链挂牢。

10.3.1 木工圆锯机上的旋转锯片必须设置防护罩。

12.1.4 焊割现场及高空焊割作业下方,严禁堆放油类、木材、氧气瓶、乙炔瓶、保温材料等易燃、易爆物品。

12.1.9 对承压状态的压力容器和装有剧毒、易燃、易爆物品的容器，严禁进行焊接或切割作业。

第六节 吊索吊具

《公路水运工程施工安全标准化指南》(部工程质量监督局编写)12.2 吊索吊具

(1)起重吊装设备所使用的钢丝绳及索具,应具备有生产资质的制造厂商提供的出厂合格证和材质证明。

(2)钢丝绳的规格、直径,应根据用途及所承受荷载的大小及钢丝绳容许拉应力来选择。起重设备使用钢丝绳的安全系数,应符合设备规格书或说明书的规定,起重吊装使用钢丝绳的安全系数不小于5倍。

(3)新钢丝绳在使用前,应检查其合格证,确认钢丝绳的性能和规格符合要求。

(4)采用编结方式连接钢丝绳端部时,编结部分的长度不得小于钢丝绳直径的20倍,且不应小于300mm。

(5)采用绳卡固接钢丝绳时,与钢丝绳直径相匹配的绳卡数量、间距应符合相关规定。绳卡的滑鞍应设在钢丝绳受力的一侧,U型螺栓应在钢丝绳的尾端,且不得正反交错使用,最后一个绳卡距绳头的长度不得小于140mm。

(6)钢丝绳表面锈蚀或磨损使钢丝绳直径显著减小时,钢丝径向磨损或腐蚀量超过原直径40%的,应予报废。钢丝绳直径减少达公称直径的7%时,应予报废。吊装绳扣的扣头部位出现断丝时,应切弃断丝部分重新插扣。钢丝绳的断丝数量少于报废标准,但断丝聚集在少于6倍绳径长度范围内或集中在任一绳股里,亦应予报废。

(7)吊钩、吊环应定期检查,表面应光滑,不得有剥痕、刻痕、锐角、裂纹。

(8)一台起重设备的两个主吊钩起吊同一重物时,两钩升降应协调,两吊索开口度不应大于60°,且每个钩的吊重不得大于其额定负荷。卸扣使用时不得超过规定荷载,严禁钢丝绳在卸扣两侧起重。

(9)起重机的吊钩和吊环严禁补焊。当出现下列情形之一时,应予更换:

①表面有裂纹、破口;

②钩尾和螺纹部分等危险截面及钩颈有永久变形;

③挂绳处断面磨损超过原高度 10%;

④板钩衬套磨损超过原高度 50%;

⑤板钩芯轴(销子)磨损超过其尺寸的 3%~5%;

⑥开口度比原尺寸增加 15°,开口扭转变形超过 10°。

(10)当起重设备制动器的制动鼓表面磨损达 1.5~2.0mm(小直径取小值,大直径取大值)时,应换制动鼓;当起重设备制动器的制动带磨损超过原厚度的 50%时,应更换制动带。

第七节　塔式起重机

《建筑施工塔式起重机安装、使用、拆卸安全技术规程》(JGJ 196—2010)

2.0.3　塔式起重机安装、拆卸作业应配备下列人员:

(1)持有安全生产考核合格证书的项目负责人和安全负责人、机械管理人员;

(2)具有建筑施工特种作业操作资格证书的建筑起重机械安装拆卸工、起重司机、起重信号工、司索工等特种作业操作人员。

2.0.9　有下列情况之一的塔式起重机严禁使用:

(1)国家明令淘汰的产品;

(2)超过规定使用年限经评估不合格的产品;

(3)不符合国家现行相关标准的产品;

(4)没有完整安全技术档案的产品。

2.0.14　多台塔式起重机在同一施工现场交叉作业时,应编制专项方案,并应采取防碰撞的安全措施。任意两台塔式起重机之间的最小架设距离应符合下列规定:

(1)低位塔式起重机的起重臂端部与另一台塔式起重机的塔身之间的距离不得小于 2m；

(2)高位塔式起重机的最低位置的部件(或吊钩升至最高点或平衡重的最低部位)与低位塔式起重机中处于最高位置部件之间的垂直距离不得小于 2m。

2.0.16 塔式起重机在安装前和使用过程中,发现有下列情况之一的,不得安装和使用：

(1)结构件上有可见裂纹和严重锈蚀的；

(2)主要受力构件存在塑性变形的；

(3)连接件存在严重磨损和塑性变形的；

(4)钢丝绳达到报废标准的；

(5)安全装置不齐全或失效的。

3.4.12 塔式起重机的安全装置必须齐全,并应按程序进行调试合格。

3.4.13 连接件及其防松防脱件严禁用其他代用品代用。连接件及其防松防脱件应使用力矩扳手或专用工具紧固连接螺栓。

4.0.2 塔式起重机使用前,应对起重司机、起重信号工、司索工等作业人员进行安全技术交底。

4.0.3 塔式起重机的力矩限制器、重量限制器、变幅限位器、行走限位器、高度限位器等安全保护装置不得随意调整和拆除,严禁用限位装置代替操纵机构。

5.0.7 拆卸时应先降节,后拆除附着装置。

《建筑塔式起重机安全监控系统应用技术规程》(JGJ 332—2014)

3.1.1 塔机安全监控系统应具有对塔机的起重量、起重力矩、起升高度、幅度、回转角度、运行行程信息进行实时监视和数据存储功能。当塔机有运行危险趋势时,塔机控制回路电源应能自动切断。

3.1.2 在既有塔机升级加装安全监控系统时,严禁损伤塔机受力结构。

3.1.3 在既有塔机升级加装安全监控系统时,不得改变塔机原有安全装置及电气控制系统的功能和性能。

第八节　门式起重机

《公路水运工程施工安全标准化指南》(部工程质量监督局编写)12.4
门式起重机

(1)门式起重机轨道的铺设应符合设备安装规定,轨道接地电阻不应大于4Ω。

(2)露天作业的门式起重机,当遇六级及以上大风或停止作业时,锁紧夹轨器,并将吊钩升到顶端位置,吊钩上不得悬挂重物。防抗台风时宜加设缆风绳。

(3)门式起重机作业前应进行空载运转,再确认各机构运转正常、制动可靠、各限位开关灵敏有效后,方可作业。

(4)门式起重机应加装声光报警装置,行走时应发出声光报警信号。

(5)重物提升和下降应平稳匀速,在提升大件时不得快速,同时防止拴拉绳摆动。

(6)门式起重机行走轨道端头应设置车挡及防撞缓冲装置。

(7)门式起重机小车、大车行走前,应检查行走限位器是否可靠有效。

(8)门式起重机停止使用时,应使用夹轨器,临时停止使用时用垫木固定。

(9)门式起重机吊钩应设置灵敏有效的防脱钩装置。

(10)门式起重机应设置带有护栏的爬梯供作业人员使用。

(11)门式起重机司机室应具有良好视线,设备完善,配备高音喇叭。

(12)拖地电缆宜设置在塑料或金属管材或电缆槽中。

第九节　升降机

《建筑施工升降机安装、使用、拆卸安全技术规程》(JGJ 215—2010)

4.1.6　有下列情况之一的施工升降机不得安装使用:

(1)属国家明令淘汰或禁止使用的;

(2)超过由安全技术标准或制造厂家规定使用年限的;

(3)经检验达不到安全技术标准规定的；

(4)无完整安全技术档案的；

(5)无齐全有效的安全保护装置的。

4.2.10　安装作业时必须将按钮盒或操作盒移至吊笼顶部操作。当导轨架或附墙架上有人员作业时,严禁开动施工升降机。

5.2.2　严禁施工升降机使用超过有效标定期的防坠安全器。

5.2.10　严禁用行程限位开关作为停止运行的控制开关。

5.3.9　严禁在施工升降机运行中进行保养、维修作业。

第十节　物料提升机

《龙门架及井架物料提升机安全技术规范》(JGJ 88—2010)

5.1.5　钢丝绳在卷筒上应整齐排列,端部应与卷筒压紧装置连接牢固。当吊笼处于最低位置时,卷筒上的钢丝绳不应少于3圈。

5.1.7　物料提升机严禁使用摩擦式卷扬机。

6.1.1　当荷载达到额定起重量的90%时,起重量限制器应发出警示信号;当荷载达到额定起重量的110%时,起重量限制器应切断上升主电路电源。

6.1.2　当吊笼提升钢丝绳断绳时,防坠安全器应制停带有额定起重量的吊笼,且不应造成结构损坏。自升平台应采用渐进式防坠安全器。

8.3.2　当物料提升机安装高度大于或等于30m时,不得使用缆风绳。

9.1.1　安装、拆除物料提升机的单位应具备下列条件：

(1)安装、拆除单位应具有起重机械安拆资质及安全生产许可证；

(2)安装、拆除作业人员必须经专门培训,取得特种作业资格证。

11.0.2　物料提升机必须由取得特种作业操作证的人员操作。

11.0.3　物料提升机严禁载人。

第十一节　架桥机

市政架桥机安全使用技术规程(JGJ 266—2011)

本规程适用于市政道路桥梁工程所使用单梁式架桥机和双梁式架桥机的安装、使用和拆卸。

3.0.1 架桥机应具有特种设备制造许可证、产品合格证、使用说明书、制造监督检验证明和备案证明。

3.0.3 从事架桥机的装拆企业必须具备建设主管部门颁发的起重设备安装工程专业承包资质和施工企业安全生产许可证,架桥机的特种作业人员必须持由国家认可具有培训资格部门签发的操作资格证书上岗。

3.0.5 施工单位应根据工程情况选用架桥机类型,并应制订作业计划、编制架桥机装拆和使用的施工方案。施工方案应通过专家论证,并应经监理单位批准后方可实施。必须严格按施工方案组织施工,不得擅自修改和调整施工方案。

4.4.5 架桥机安装完毕后,使用单位应组织出租、安装、监理等有关单位进行验收,并应委托具有国家认可检验检测资质的机构进行检测,检测后应出具检验报告。架桥机应经验收合格后再投入使用。

《公路水运工程施工安全标准化指南》(交通运输部工程质量监督局编写)

(1)架桥机支腿处应铺设垫木并进行临时固结。

(2)当现场实测风力达到 6 级(含)以上时,必须停止作业,并做好防护工作。

(3)应设专人监控吊具、钢丝绳、制动装置、限位开关、防护栏和安全网等重要安全设备,并做好记录。

(4)为保护架桥机电机,应设置防雨棚及检修平台,检修平台应设护栏。

(5)架桥机临近、穿越、跨越高压线时应设防电防护网。

(6)架桥机作业平台处应设密目式安全网,人员行走平台及楼梯应设置护栏。

(7)架桥机应设置有效限位器,架桥机轨道尽头应设置缓冲器。

(8)架桥机垫木应使用硬杂木,一般不多于三层。

第十二节　自升式爬模、滑模系统

《公路水运工程施工安全标准化指南》(部工程质量监督局编写)12.7.1
自升式爬模、滑模系统

(1)采用爬升模板施工时,编制专项安全技术方案,经专家论证后,向参加爬模施工人员进行安全技术交底。

(2)爬升架体系、滑升机具、模板、操作平台、脚手架等,应具有足够的强度、刚度和稳定性。

(3)预埋件设置应符合设计要求。锚锥、连接螺栓、承重销轴、对拉螺杆等受力构件应按要求设置。

(4)架体提升时,应另设置保险装置。模板爬升时,作业人员不得站在爬升的模板或爬架上。

(5)液压系统组装完毕后,必须进行全面检查。施工过程中,液压设备应由专人操作,并应经常维护,发现问题及时处理。

(6)爬架自主平台护栏以下及滑模操作平台四周应设全封闭式防护网,防护栏外围设满密目式安全网。模板主平台上方外围满设安全网。内外脚手架、悬挂脚手架和爬架底部应满铺脚手板或钢板网。

(7)每层操作平台必须设爬梯,人员可由爬梯上下。进行爬架和附墙架工作应在爬架内上下,禁止攀爬模板、脚手架或爬架外侧上下。

(8)模板组装完毕,经检验合格后方可浇筑混凝土。混凝土浇筑后,强度达设计强度80％以上,方可拆模。

(9)平台上应规定人群荷载和堆放材料的限量标准。材料应均匀摆放,不得多人聚集一处。

(10)严格按照模板和爬模爬升的程序进行操作,爬升时墙体混凝土应达到规定的强度。爬升过程中必须随时检查,发现异常,应停止爬升。

(11)爬模爬升时,爬模下方应设置警戒区和明显标志,严禁人员进入。

(12)滑模滑升时,应随时调整平台水平、中心的垂直度满足要求,以防平台扭转和水平位移。

（13）夜间不宜进行爬模升降作业,遇六级以上大风时禁止进行提升或进行模板前后移动作业。

（14）拆除爬模时,用做好安全防护措施。拆除时应根据吊装设备能力,分组拆除或吊至地面上解体,以减少高处作业量和杆件变形。拆除现场应划定警戒区,警戒线到建筑物边缘的安全距离不得小于 15m。

第十三节 翻模系统

《公路水运工程施工安全标准化指南》(部工程质量监督局编写)12.7.2 翻模系统

（1）工作平台必须对中调平,平台上设备、材料对称均匀布置。

（2）第一节模板组装时必须确保中线水平精度要求,模板间连接缝保证平顺密贴,安装第一节顶杆时,必须用不同长度顶杆交替排列,避免顶杆接头在同一水平高度,影响平台的稳定性。

（3）第三节模板组装时应同时安装内外吊装架,并绑扎好安全网。

（4）液压设备安装必须严格按产品技术要求进行。

（5）内外模之间必须设拉筋和支撑。

（6）电器设备必须作好接地保护,电线接头必须绝缘。

第十四节 挂篮

《公路水运工程施工安全标准化指南》(部工程质量监督局编写)12.7.3 挂篮

（1）挂篮结构应满足强度、刚度和稳定性要求。

（2）挂篮的总重应控制在设计规定的限重之内。

（3）挂篮的最大变形应不大于 20mm。

（4）挂篮的支承平台应有足够的平面尺寸,能满足梁段现场施工作业的需求,临边必须设安全防护网。

（5）挂篮模板的制作与安装应准确、牢固。后吊杆和下限位拉杆孔道严格按照设计尺寸准确预留。

（6）挂篮制作加工完成后应进行试拼装和静载试验，验收合格后方可使用。

（7）挂篮前移时，宜在其后方设置控制其滑动的装置或在滑道上设置制动装置；前移就位后，立即将后锚固点锁定。

（8）滑道（轨道）移动到位后应与箱梁腹板内竖向预应力筋锚固，再移动挂篮主桁架系统。

（9）挂篮前移到位后，应将挂篮主桁架后锚点由轨道上转换至后锚精轧螺纹钢锚固吊带上。

第十五节　移动模架

《公路水运工程施工安全标准化指南》（部工程质量监督局编写）12.7.4 移动模架

（1）移动模架整体应满足强度、刚度和稳定性要求，模架整体性刚度不大于主梁挠度 1/700。

（2）总体稳定性（纵横向）系数应大于 1.5。

（3）移动模架的开启应由液压系统同步控制。

（4）严格控制支腿的压缩和温度变形。

（5）移动模架应进行试拼装和静载试验，验收合格后方可使用。

（6）移动模架在使用前应设置临边防护设施。

第十五章　通用作业

第一节　支架及模板工程

《公路工程施工安全技术规范》（JTG F90—2015）

5.2.1　钢支架设计应符合现行《钢结构设计规范》（GB 50017）的规定，支架钢管应符合现行《碳素结构钢》（GB/T 700）、《建筑施工碗扣式钢管脚手架安全技术规程》（JGJ 166）、《建筑施工扣件式钢管脚手架安全技术规范》

（JGJ 130）、《钢管脚手架扣件》（GB 15831）的相关规定。

5.2.2　定型组合模板应符合现行《组合钢模板技术规范》（GB 50214）的规定。

5.2.3　支架、模板的强度、刚度和稳定性，应按照现行《公路桥涵施工技术规范》（JTG/T F50）设计并验算，水中支架基础尚应考虑水流冲刷的影响。

5.2.4　支架周转材料使用前应按照现行《建筑施工扣件式钢管脚手架安全技术规范》（JGJ 130）、《建筑施工碗扣式钢管脚手架安全技术规范》（JGJ 166）要求检查，达不到设计要求时不得使用。

5.2.5　支架支撑体系应符合下列规定：

（1）支架基础应根据所受荷载、搭设高度、搭设场地地质等情况进行设计及验算；

（2）支架基础的场地应设排水措施，遇洪水或大雨浸泡后，应重新检验支架基础、验算支架受力。冻胀土基础应有防冻胀措施；

（3）支架基础施工后应检查验收；

（4）支架在安装完成后应检查验收；

（5）使用前应预压。预压荷载应为支架需承受全部荷载的 1.05～1.10 倍；

（6）预压加载、卸载应按预压方案要求实施，使用沙（土）袋预压时应采取防雨措施；

（7）支架应设置可靠的接地装置。

5.2.6　使用碗扣式、门式或扣件式钢管脚手架作为支架时，脚手架构造应分别符合现行《建筑施工碗扣式钢管脚手架安全技术规程》（JGJ 166）、《建筑施工门式钢管脚手架安全技术规范》（JGJ 128）、《建筑施工扣件式钢管脚手架安全技术规范》（JGJ 130）的规定。扣件应符合现行《钢管脚手架扣件》（GB 15831）的有关规定。

5.2.7　桩、柱梁式支架应符合下列规定：

（1）钢管桩的承载力应满足要求；

（2）纵梁之间应设置安全可靠的横向连接；

（3）搭设完成后应检查验收；

（4）跨通行道路时，应按照现行《道路交通标志和标线》（GB 5768）的要求设置交通标志；

（5）跨通航水域时，应设置号灯、号型。

5.2.8　跨通行道路、通航水域的支架应根据道路、水域通行情况设置防撞设施。

5.2.9　模板加工制作应符合下列规定：

（1）制作钢木结合模板，钢、木加工场地应分开，并应及时清除锯末、刨花和木屑；

（2）模板所用材料应堆放稳固；

（3）模板堆放高度不宜超过 2m。

5.2.10　模板吊环不得采用冷拉钢筋，且吊环的计算拉应力不得大于 50MPa。

5.2.11　模板应按设计方案设置纵、横、斜向支撑和水平拉杆，拉杆不得焊接。

5.2.12　大型钢模板应设置工作平台和爬梯。工作平台应设置防护栏杆、挡脚板和限载标志。

5.2.13　模板安装应符合下列规定：

（1）吊装模板前，应检查模板和吊点。吊装应设专人指挥。模板未固定前，不得实施下道工序；

（2）模板安装就位后，应立即支撑和固定。支撑和固定未完成前，不得升降或移动吊钩；

（3）模板应按设计要求准确就位，且不宜与脚手架连接；

（4）模板安装完成后节点联系应牢固；

（5）基准面以上 2m 安装模板应搭设脚手架或施工平台。

《公路桥涵施工技术规范》（JTG/T F50—2011）

5.3.1　模板的制作应符合下列规定：

（1）钢模板应按批准的加工图进行制作，成品经检验合格后方可使用。组装前应对零部件的几何尺寸和焊缝进行全面检查，合格后方可进行组装。

面板变形及整体刚度应符合第5.2.7条的规定；

（2）制作钢木组合模板时，钢与木之间的接触面应贴紧。面板采用防水胶合板的模板，除应使胶合板与背楞之间密贴外，对在制作过程中裁切过的防水胶合板茬口，应按产品的要求及时涂刷防水涂料；

（3）木模板与混凝土接触的表面应刨光且应保持平整，木模板的接缝可制作成平缝、搭接缝或企口缝，当采用平缝时，应有防止漏浆的措施；转角处应加嵌条或做成斜角；

（4）采用其他材料（高分子合成材料面板、硬塑料或玻璃钢）制作模板时，其接缝应严密，边肋及加强肋应安装牢固，并应与面板成一整体。

5.3.2 模板的安装应符合下列规定：

（1）模板应按设计要求准确就位，且不宜与脚手架连接；

（2）安装侧模板时，支撑应牢固，应防止模板在浇筑混凝土时产生移位；

（3）模板在安装过程中，必须设置防倾覆的临时固定设施；

（4）模板安装完成后，其尺寸、平面位置和顶部高程等应符合设计要求，节点联系应牢固；

（5）梁、板等结构的底模板应设置预拱度；

（6）固定在模板上的预埋件和预留孔洞均不得遗漏，安装应牢固，位置应准确。

5.3.3 采用提升模板施工时，应设置脚手平台、接料平台、挂吊脚手及安全网等辅助设施。

5.3.4 采用翻转模板和爬升模板施工时，其结构应满足强度、刚度及稳定性要求。液压爬模应由专业单位设计和制造，并应有检验合格证明及操作说明书。施工应符合下列规定：

（1）混凝土的强度应达到规定的数值后方可拆模并进行模板的翻转或爬架爬升。作用于爬模上接料平台、脚手平台和拆模吊栏的荷载应均衡，不得超载，严禁混凝土吊斗碰撞爬模系统。

（2）模板沿墩身周边方向应始终保持顺向搭接。在施工过程中，应随时检查爬模中线、水平位置和高程等，发现问题应及时纠正。

5.3.5 采用滑升模板时，除应遵守现行国家标准《滑动模板工程技术

规程》(GB 50113)的规定外,尚应符合下列规定:

(1)模板的高度宜根据结构物的实际情况确定;模板的结构应具有足够的强度、刚度和稳定性;支撑杆及提升设备应能保证模板竖直均衡上升。组装时应使各部尺寸的精度符合设计要求,组装完毕应经全面检查试验合格后,方可正式投入使用;

(2)模板的滑升速度宜为 100～300mm/h,滑升时应检测并控制其位置。滑升模板的施工宜连续进行,因故中断时,宜在中断前将混凝土浇筑齐平,中断期间模板仍应继续缓慢地滑升,直至混凝土与模板不致粘住时为止。

5.4.1 支架的制作应符合下列规定:

(1)支架宜采用标准化、系列化、通用化的钢构件制作拼装;

(2)制作木支架时,两相邻立柱的连接接头宜分设在不同的水平面上,并应减少长杆件接头,主要压力杆的接长连接,宜使用对接法,并宜采用木夹板或铁夹板夹紧;次要构件的连接可采用搭接法。

5.4.2 支架的安装应符合下列规定:

(1)支架应按施工图设计的要求进行安装。立柱应垂直,节点连接应可靠。

(2)支架在纵桥向和横桥向均应加强水平、斜向连接,增强整体稳定性。高支架应设置足够的斜向连接、扣件或缆风绳,横向稳定应有保证措施。

(3)应通过预压的方式,消除支架地基的不均匀沉降和支架的非弹性变形并获取弹性变形参数,或检验支架的安全性。预压荷载宜为支架需承受全部荷载的 1.05～1.10 倍,预压荷载的分布应模拟需承受的结构荷载及施工荷载。

(4)支架在安装完成后,应对其平面位置、顶部高程、节点连接及纵、横向稳定性进行全面检查,符合要求后,方可进行下一工序。

5.4.3 支架应结合模板的安装一并考虑设置预拱度和卸落装置,并应符合下列规定:

(1)设置的预拱度值,应包括结构本身需要的预拱度和施工需要的预拱度两部分;

(2)施工预拱度应考虑下列因素:模板、支架承受施工荷载引起的弹性

变形;受载后由于杆件接头的挤压和卸落装置压缩而产生的非弹性变形;支架地基在受载后的沉降变形;

(3)专用支架应按其产品的要求进行模板的卸落;自行设计的普通支架应在适当部位设置相应的木楔、木马、砂筒或千斤顶等卸落模板的装置,并应根据结构形式、承受的荷载大小确定卸落量。

《关于发布〈浙江省公路水运工程落后施工工艺、设备和材料的淘汰目录(第一批)〉的通知》(浙交〔2019〕35号):碗扣式承重支架(序号37)为限制类材料,限制范围:除中小型工程和高度8m以内,跨度18m以内的支架工程外的其他工程。

《建筑施工模板安全技术规范》(JGJ 162—2008)

5.1.6　模板结构构件的长细比应符合下列规定:

(1)受压构件长细比:支架立柱及桁架不应大于150;拉条、缀条、斜撑等联系构件不应大于200;

(2)受拉构件长细比:钢杆件不应大于350;木杆件不应大于250。

6.1.9　支撑梁、板的立柱安装构造应符合下列规定:

(1)梁和板的立柱、纵横向间距应相等或成倍数。

(2)木立柱底部应设垫木,顶部应设支撑头。钢管立柱底部应设垫木和底座,顶部应设可调支托,U型支托与楞梁两侧间如有间隙,必须楔紧,其螺杆伸出钢管顶部不得大于200mm,螺杆外径与立柱钢管内径的间隙不得大于3mm,安装时应保证上下同心。

(3)在立柱底距地面200mm高处,沿纵横水平方向应按纵下横上的程序设扫地杆。可调支托底部的立柱顶端应沿纵横向设置一道水平拉杆。扫地杆与顶部水平拉杆之间的间距,在满足模板设计所确定的水平拉杆步距要求条件下,进行平均分配确定步距后,在每一步距处纵横向应各设一道水平拉杆。当层高在8~20m时,在最顶步距两水平拉杆中间应加设一道水平拉杆;当层高大于20m时,在最顶两步距水平拉杆中间应分别增加一道水平拉杆。所有水平拉杆的端部均应与四周建筑物顶紧顶牢。无处可顶时,应在水平拉杆端部和中部沿竖向设置连续式剪刀撑。

(4)木立柱的扫地杆、水平拉杆、剪刀撑应采用40mm×50mm木条或

25mm×80mm 的木板条与木立柱钉牢。钢管立柱的扫地杆、水平拉杆、剪刀撑应采用 48mm×3.5mm 钢管,用扣件与钢管立柱扣牢。木扫地杆、水平拉杆、剪刀撑应采用搭接,并应采用铁钉钉牢。钢管扫地杆、水平拉杆应采用对接,剪刀撑应采用搭接,搭接长度不得小于 500mm,并应采用 2 个旋转扣件分别在离杆端不小于 100mm 处进行固定。

6.2.4　当采用扣件式钢管作立柱支撑时,其构造与安装应符合下列规定:

(1)钢管规格、间距、扣件应符合设计要求。每根立柱底部应设置底座及垫板,垫板厚度不得小于 50mm;

(2)钢管支架立柱间距、扫地杆、水平拉杆、剪刀撑的设置应符合本规范第 6.1.9 条的规定。当立柱底部不在同一高度时,高处的纵向扫地杆应向低处延长不少于 2 跨,高低差不得大于 lm,立柱距边坡上方边缘不得小于 0.5m;

(3)立柱接长严禁搭接,必须采用对接扣件连接,相邻两立柱的对接接头不得在同步内,且对接接头沿竖向错开的距离不宜小于 500mm,各接头中心距主节点不宜大于步距的 1/3;

(4)严禁将上段的钢管立柱与下段钢管立柱错开固定在水平拉杆上;

(5)满堂模板和共享空间模板支架立柱,在外侧周圈应设由下至上的竖向连续式剪刀撑;中间在纵横向应每隔 10m 左右设由下至上的竖向连续式剪刀撑,其宽度宜为 4~6m,并在剪刀撑部位的顶部、扫地杆处设置水平剪刀撑,剪刀撑杆件的底端应与地面顶紧,夹角宜为 45~60°,当建筑层高在 8~20m 时,除应满足上述规定外,还应在纵横向相邻的两竖向连续式剪刀撑之间增加之字斜撑,在有水平剪刀撑的部位,应在每个剪刀撑中间处增加一道水平剪刀撑,当建筑层高超过 20m 时,在满足以上规定的基础上,应将所有之字斜撑全部改为连续式剪刀撑;

(6)当支架立柱高度超过 5m 时,应在立柱周圈外侧和中间有结构柱的部位,按水平间距 6~9m、竖向间距 2~3m 与建筑结构设置一个固结点。

《建筑施工承插型盘扣式钢管支架安全技术规程》(JGJ 231—2010)

3.1.2　插稍外表面应与水平杆和斜杆杆端扣接头内表面吻合,插销连接应保证锤击自锁后不拔脱,抗拔力不得小于 3kN。

6.1.5 模板支架可调托座伸出顶层水平杆或双槽钢托梁的悬臂长度(如图 6.1.5)严禁超过 650mm,且丝杆外露长度严禁超过 400mm,可调托座插入立杆或双槽钢托梁长度不得小于 150mm。

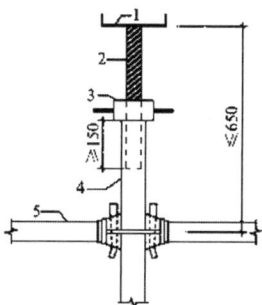

1—可调托座;2—螺杆;3—调节螺母;4—杆;5—水平杆

图 6.1.5 带可调托座伸出顶层水平杆的悬臂长度

9.0.6 严禁在模板支架及脚手架基础开挖深度影响范围内进行挖掘作业。

9.0.7 拆除的支架构件应安全地传递至地面,严禁抛掷。

《液压滑动模板施工安全技术规程》(JGJ 65—2013)

5.0.5 液压系统千斤顶和支承杆应符合下列规定:

(1)千斤顶的工作荷载不应大于额定荷载;

(2)支承杆应满足强度和稳定性要求;

(3)千斤顶应具有防滑移自锁装置。

第二节 模板、支架拆除

《公路工程施工安全技术规范》(JTG F90—2015)

5.2.14 模板、支架拆除应符合下列规定:

(1)模板、支架的拆除期限和拆除程序等应按施工组织设计和施工方案要求进行,危险性较大模板、支架的拆除尚应遵守专项施工方案的要求;

(2)模板、支架的拆除应遵循先拆非承重模板、后拆承重模板、自上而下、分层分段拆除的顺序和原则；

（3）承重模板应横向同时、纵向对称均衡卸落；

（4）简支梁、连续梁结构模板宜从跨中向支座方向依次循环卸落；悬臂梁结构模板宜从悬臂端开始顺序卸落；

（5）承重模板、支架，应在混凝土强度达到设计要求后拆除；

（6）模板、支架的拆除应设立警戒区，非作业人员不得进入；

（7）拆除人员应使用稳固的登高工具、防护用品。

5.2.15　模板存放应符合下列规定：

（1）模板存放场地应坚实平整；

（2）大型模板应存放在专用模板架内或卧倒平放，不得直靠其他模板或构件。特型模板应存放在专用模板架内；

（3）突风频发区或台风到来前，存放的大型模板应采取加固措施；

（4）清理模板或刷脱模剂时，模板应支撑牢固，两片模板间应留有足够的人行通道。

《公路桥涵施工技术规范》(JTG/T F50—2011)

5.5.1　模板、支架的拆除期限和拆除程序等应严格按施工图设计的要求进行，设计未要求时，应根据结构物特点、模板部位和混凝土所应达到的强度要求决定。

5.5.2　非承重侧模板应在混凝土抗压强度达到 2.5MPa，且能保证其表面及棱角不致因拆模而受损坏时方可拆除。

5.5.3　芯模和预留孔道的内模，应在混凝土强度能保证其表面不发生塌陷或裂缝现象时，方可拆除。

5.5.4　钢筋混凝土结构的承重模板、支架，应在混凝土强度能承受其自重荷载及其他可能的叠加荷载时，方可拆除。

5.5.5　对预应力混凝土结构，在符合第5.5.2条规定的条件下，其侧模应在预应力钢束张拉前拆除；底模及支架应在结构建立预应力后方可拆除。

5.5.6　模板、支架的拆除应遵循后支先拆、先支后拆的原则顺序进行。墩、台的模板宜在其上部结构施工前拆除。

5.5.7　拆除梁、板等结构的承重模板时，在横向应同时、在纵向应对称均衡卸落。简支梁、连续梁结构的模板宜从跨中向支座方向依次循环卸落;悬臂梁结构的模板宜从悬臂端开始顺序卸落。

5.5.8 在低温、干燥或大风环境下拆除模板时,应采取必要的措施,防止混凝土表面产生裂缝。

5.5.9 拆除模板、支架时,不得损伤混凝土结构。

《建筑拆除工程安全技术规范》(JGJ 147—2016)

5.1.1 人工拆除施工应从上至下逐层拆除,并应分段进行,不得垂直交叉作业。当框架结构采用工人拆除施工时,应按楼板、次梁、主梁、结构柱的顺序依次进行。

5.1.2 当进行人工拆除作业时,水平构件上严禁人员聚集或集中堆放物料,作业人员应在稳定的结构或脚手架上操作。

5.1.3 当人工拆除建筑墙体时,严禁采用底部掏掘或推倒的方法。

5.2.2 当采用机械拆除建筑时,应从上至下逐层拆除,并应分段进行;应先拆除非承重结构,再拆除承重结构。

6.0.3 拆除工程施工前,必须对施工作业人员进行书面安全技术交底,且应有记录并签字确认。

《液压滑动模板施工安全技术规程》(JGJ 65—2013)

12.0.7 滑模装置分段安装或拆除时,各分段必须采取固定措施;滑模装置中的支承杆安装或拆除过程必须采取防坠措施。

第三节 脚手架工程

《建筑施工门式钢管脚手架安全技术规范》(JGJ 128—2010)

6.1.2 不同型号的门架与配件严禁混合使用。

6.3.1 门式脚手架剪刀撑的设置必须符合下列规定:

(1)当门式脚手架搭设高度在 24m 及以下时,在脚手架的转角处、两端及中间间隔不超过 15m 的外侧立面必须各设置一道剪刀撑,并应由底至顶连续设置;

(2)当脚手架搭设高度超过 24m 时,在脚手架全外侧立面上必须设置连续剪刀撑；

（3）对于悬挑脚手架，在脚手架全外侧立面上必须设置连续剪刀撑。

6.5.3 在门式脚手架的转角处或开口型脚手架端部，必须增设连墙件，连墙件的垂直间距不应大于建筑物的层高，且不应大于 4.0m。

6.8.2 门式脚手架与范本支架的搭设场地必须平整坚实，并应符合下列规定：

（1）回填土应分层回填，逐层夯实；

（2）场地排水应顺畅，不应有积水。

7.3.4 门式脚手架连墙件的安装必须符合下列规定：

（1）连墙件的安装必须随脚手架搭设同步进行，严禁滞后安装；

（2）当脚手架操作层高出相邻连墙件以上两步时，在连墙件安装完毕前必须采用确保脚手架稳定的临时拉结措施。

7.4.2 拆除作业必须符合下列规定：

（1）架体的拆除应从上而下逐层进行，严禁上下同时作业；

（2）同一层的构配件和加固杆件必须按先上后下、先外后内的顺序进行拆除；

（3）连墙件必须随脚手架逐层拆除。严禁先将连墙件整层或数层拆除后再拆架体，拆除作业过程中，当架体的自由高度大于两步时，必须加设临时拉结；

（4）连接门架的剪刀撑等加固杆件必须在拆卸该门架时拆除。

7.4.5 门架与配件应采用机械或人工运至地面，严禁抛投。

9.0.3 门式脚手架与模板支架作业层上严禁超载。

9.0.4 严禁将模板支架、缆风绳、混凝土泵管、卸料平台等固定在门式脚手架上。

9.0.7 在门式脚手架试用期间，脚手架基础附近严禁进行挖掘作业。

9.0.8 满堂脚手架与模板支架的交叉支撑和加固杆，在施工期间严禁拆除。

9.0.14 在门式脚手架或模板支架上进行电、气焊作业时，必须有防火措施和专人看护。

9.0.16　塔拆门式脚手架或模板支架作业时，必须设置警戒线、警戒标志，并应派专人看守，严禁非作业人员入内。

《建筑施工工具式脚手架安全技术规范》（JGJ 202—2010）

4.4.2　附着式升降脚手架结构构造的尺寸必须符合强制性条文的规定：

（1）架体高度不得大于 5 倍楼层高；

（2）架体宽度不得大于 1.2m；

（3）直线布置的架体支承跨度不得大于 7m，折线或曲线布置的架体，相邻两主框架支撑点处的架体外侧距离不得大于 5.4m；

（4）架体的水平悬挑长度不得大于 2m，且不得大于跨度的 1/2；

（5）架体全高与支承跨度的乘积不得大于 110m²。

4.4.5　附着支承结构应包括附墙支座、悬臂梁及斜拉杆，其构造应符合强条的规定：

（1）竖向主框架所覆盖的每个楼层处应设置一道附墙支座；

（2）在使用工况时，应将竖向主框架固定于附墙支座上；

（3）在升降工况时，附墙支座上应设有防倾、导向的结构装置；

（4）附墙支座应采用锚固螺栓与建筑物连接，受拉螺栓的螺母不得少于两个或应采用弹簧垫圈加单螺母，螺杆露出螺母端部的长度不应少于 3 扣，并不得小于 10mm，垫板足寸应由设计确定，且不得小于 100mm×100mm×10mm；

（5）附墙支座支承在建筑物上连接处混凝土的强度应按设计要求确定，且不得小于 C10。

4.4.10　物料平台不得与附着式升降脚手架各部位和各结构构件相连，其荷载应直接传递给建筑工程结构。

4.5.1　附着式升降脚手架必须具有防倾覆、防坠落和同步升降控制的安全装置。

4.5.3　防坠落装置必须符合的规定：

（1）防坠落装置应设置在竖向主框架处并附着在建筑结构上，每一升降点不得少于一个防坠落装置，防坠落装置在使用和升降工况下都必须起作用；

(2)防坠落装置必须采用机械式的全自动装置,严禁使用每次升降都需重组的手动装置；

(3)防坠落装置技术性能除应满足承载能力要求外,还应符合如表 4.5.3 所示的规定；

表 4.5.3　防坠落装置技术性能

脚手架类型	制动距离(mm)
整体式升降脚手架	≤80
单片式升降脚手架	≤150

(4)防坠落装置应具有防尘、防污染的措施,并应灵敏可靠和运转自如；

(5)防坠落装置与升降设备必须分别独立固定在建筑结构上；

(6)钢吊杆式防坠落装置,钢吊杆规格应由计算确定,且直径不应小于 ϕ25mm。

5.2.11　悬挂吊篮的支架支撑点处结构的承载能力,应大于所选择吊篮工况的荷载最大值。

5.4.7　悬挂机构前支架严禁支撑在女儿墙上、女儿墙外或建筑物挑檐边缘。

5.4.10　配重件应稳定可靠地安放在配重架上,并应有防止随意移动的措施。严禁使用破损的配重件或其他替代物。配重件的重量应符合设计规定。

5.4.13　悬挂机构前支架应与支撑面保持垂直,脚轮不得受力。

5.5.8　吊篮内工作人员不应超过 2 个。

6.3.1　在提升状况下,三角臂应能绕竖向桁架自由转动；在工作状况下,三角臂与竖向桁架之间应采用定位装置防止三角臂转动。

6.3.4　每一处连墙件应至少有 2 套杆件,每一套杆件应能够独立承受架体上的全部荷载。

6.5.1　防护架的提升索具应使用现行国家标准《重要用途钢丝绳》GB 8918 规定的钢丝绳。钢丝绳直径不应小于 12.5mm。

6.5.7　当防护架提升、下降时,操作人员必须站在建筑物内或相邻的架体上,严禁站在防护架上操作;架体安装完毕前,严禁上人。

6.5.10　防护架在提升时,必须按照"提升一片、固定一片、封闭一片"的原则进行,严禁提前拆除两片以上的架体、分片处的连接杆、立面及底部封闭设施。

6.5.11　在每次防护架提升后,必须逐一检查扣件紧固程度;所有连接件拧紧力矩必须达到40-65N·m。

7.0.1　工具式脚手架安装前,应根据工程结构、施工环境等特点编制专项施工方案,并应经总承包单位技术负责人审批、项目总监理工程师审核后实施。

7.0.3　总承包单位必须将工具式脚手架专业工程发包给具有相应资质等级的专业队伍,并应签订专业承包合同,明确总包、分包或租赁等各方的安全生产责任。

8.2.1　高处作业吊篮在使用前必须经过施工、安装、监理等单位的验收,未经验收或验收不合格的吊篮不得使用。

《建筑施工碗扣式钢管脚手架安全技术规范》(JGJ 166—2016)

7.4.7　双排脚手架的拆除作业,必须符合下列规定:

(1)架体拆除应自上而下逐层进行,严禁上下层同时拆除;

(2)连墙件应随脚手架逐层拆除,严禁先将连墙件整层或数层拆除手再拆除架体;

(3)拆除作业过程中,当架体的自由端高度大于两步时,必须增设临时拉结件。

9.0.3　脚手架作业层上的施工荷载不得超过设计允许荷载。

9.0.7　严禁将模板支撑架、缆风绳、混凝土输送泵管、卸料平台及大型设备的附着件等固定在双排脚手架上。

9.0.11　脚手架使用时间,严禁擅自拆除架体主节点处的纵向水平杆、横向水平杆,纵向扫地杆、横向扫地杆和连墙件。

《建筑施工竹脚手架安全技术规范》(JGJ 254—2011)

3.0.2　严禁搭设单排竹脚手架。双排竹脚手架的搭设高度不得超过

24m,满堂架搭设高度不得超过 15m。

4.2.5 竹杆的绑扎材料严禁重复使用。

6.0.3 拆除竹脚手架时,应符合下列规定:

(1)拆除作业必须由上而下逐层进行,严禁上下同时作业,严禁斩断或剪断整层绑扎材料后整层滑塌、整层推倒或拉倒;

(2)连墙件必须随竹脚手架逐层拆除,严禁先将整层或数层连墙件拆除后再拆除架体;分段拆除时高差不应大于 2 步。

6.0.7 拆下的竹脚手架各种杆件、脚手板等材料,应向下传递或用索具吊运至地面,严禁抛掷至地面。

8.0.6 当搭设、拆除竹脚手架时,必须设置警戒线、警戒标志,并应派专人看护,非作业人员严禁入内。

8.0.8 当双排脚手架搭设高度达到三步架高时,应随搭随设连墙件、剪刀撑等杆件,且不得随意拆除。当脚手架下部暂不能设连墙件时应设置抛撑。

8.0.12 在竹脚手架使用期间,严禁拆除下列杆件:

(1)主节点处的纵、横向水平杆,纵、横向扫地杆;

(2)顶撑;

(3)剪刀撑;

(4)连墙件。

8.0.13 在竹脚手架使用期间,不得在脚手架基础及其邻近处进行挖掘作业。

8.0.14 竹脚手架作业层上严禁超载。

8.0.21 工地应设置足够的消防水源和临时消防系统,竹材堆放处应设置消防设备。

8.0.22 当在竹脚手架上进行电焊、机械切割作业时,必须经过批准且有可靠的安全防火措施,并应设专人监管。

8.0.23 施工现场应有动火审批制度,不应在竹脚手架上进行明火作业。

第四节　钢筋工程

《公路工程施工安全技术规范》(JTG F90—2015)

5.3.1　钢筋加工机械所有转动部件应有防护罩。

5.3.2　钢筋冷作业时,弯曲钢筋的作业半径内和机身不设固定销的一侧不得站人或通行。

5.3.3　钢筋冷拉作业两端应装设防护挡板,冷拉钢筋卷扬机应置于视线良好位置,并应设置地锚。钢筋或牵引钢丝两侧 3m 内及冷拉线两端不得站人或通行。

5.3.4　钢筋对焊机应安装在室内或防雨棚内,并应设可靠的接地、接零装置。多台并列安装对焊机的间距不得小于 3m。对焊作业闪光区四周应设置挡板。

5.3.5　作业高度超过 2m 的钢筋骨架应设置脚手架或作业平台,钢筋骨架应有足够的稳定性。

5.3.6　吊运预绑钢筋骨架或成捆钢筋应确定吊点的数量、位置和捆绑方法,不得单点起吊。

5.3.7　作业平台等临时设施上存放钢筋不得超载。

《浙江省交通运输厅关于发布〈浙江省公路水运工程落后施工工艺、设备和材料的淘汰目录(第一批)〉的通知》(浙交〔2019〕35 号)规定:"钢筋手工弯制,或非数控设备弯制成型工艺"为限制工艺类。

第五节　混凝土工程

《公路工程施工安全技术规范》(JTG F90—2015)

5.4.1　混凝土拌和前应确认搅拌、供料、控制等系统运行正常。

5.4.2　维修、保养或检查清理搅拌系统、供料系统应封闭下料门、切断电源、锁定安全保护装置、悬挂"严禁合闸"安全警示标志,并派专人看守。

5.4.3　水泥隔离垫板的刚度及稳定性应满足要求。袋装水泥应交错整齐码放,高度不得超过 10 袋,且不得靠墙。砂石料堆放不得超过规定高度。

5.4.4 混凝土浇筑的顺序、速度应符合施工方案的要求，不得随意更改。

5.4.5 吊斗灌注混凝土应设专人指挥起吊、运送、卸料，人员、车辆不得在吊斗下停留或通行，不得攀爬吊斗。

5.4.6 泵送混凝土应符合下列规定：

（1）混凝土输送泵应安装稳固，管道布设应平顺，安装应固定牢靠，接头或卡箍应密封、紧固；

（2）泵送前应检查泵送和布料系统。首次泵送前应进行管道耐压试验。泵送混凝土时，操作人员应随时监视各种仪表和指示灯，发现异常应立即停机检查；

（3）输送泵出料软管应设专人牵引、移动，布料臂下不得站人；

（4）混凝土输送管道接头拆卸前，应释放输送管内剩余压力；

（5）清理管道时应设警戒区，管道出口端前方 10m 内不得站人。

5.4.7 混凝土浇筑过程中应检查模板、支架、钢筋骨架的稳定、变形情况，发现异常，应立即停止作业，并应整修加固。

5.4.8 混凝土振捣应符合下列规定：

（1）检修或作业停止，应切断电源；

（2）不得用电缆线、软管拖拉或吊挂振捣器；

（3）装置振捣器的构件模板应坚固牢靠。

5.4.9 混凝土养护应符合下列规定：

（1）覆盖养护时，预留孔洞周围应设置安全护栏或盖板，并应设置安全警示标志，不得随意挪动；

（2）洒水养护时，应避开配电箱和周围电气设备；

（3）蒸汽、电热养护时，应设围栏和安全警示标志，并应配置足够、适用的消防器材，非作业人员不得进入养护区域。

第六节 电焊与气焊

《公路工程施工安全技术规范》(JTG F90—2015)

5.5.1　电工、焊接与热切割作业人员应按照有关规定经专业机构培训,并应取得相应的从业资格。

5.5.2　电工、焊接与热切割作业人员应按规定正确佩戴、使用劳动防护用品。

5.5.3　面罩及护目镜应符合现行《职业眼面部防护　焊接防护　第一部分:焊接防护具》(GB/T 3609.1)的有关规定。防护服应符合现行《焊接防护服》(GB 15701)的有关规定,并应根据具体的焊接和切割操作特点选择。

5.5.4　储存、搬运、使用氧气瓶、乙炔瓶除应符合现行《焊接与切割安全》(GB 9448)的有关规定外,尚应符合下列规定:

(1)气瓶、阀门、焊具、胶管等均不得沾污油脂,作业人员不得使用油污手套操作;

(2)压力表、安全阀、橡胶软管和回火保护器等均应定期校验或试验,标识应清晰;

(3)使用的气瓶应稳固竖立或装在专用车(架)或固定装置上;

(4)气瓶与实际焊接或切割作业点的距离应大于 10m,无法达到的应设置耐火屏障;

(5)气割作业时氧气瓶与乙炔瓶之间的距离不得小于 5m;

(6)电、气焊接作业点和气瓶存放点应按规定配备灭火器材。

5.5.5　电焊机一次侧焊接电源线长度不得大于 5m;二次侧焊接电缆线应采用防水绝缘橡胶护套铜芯软电缆,长度不宜大于 30m,且进出线处应设置防护罩。

5.5.6　电焊钳的绝缘和隔热性能应满足要求,钳柄与导线应连接牢固,电缆芯线不得外露。

5.5.7　电焊机应置于干燥、通风的位置,露天使用电焊机应设防雨、防潮装置,移动电焊机时应切断电源。

5.5.8　电焊机外壳接地电阻不得大于 4Ω,接地线不得使用建(构)筑物的金属结构、管道、轨道或其他金属物体搭接形成焊接回路。

5.5.9　不宜使用交流电焊机。使用交流电焊机时,除应在开关箱内装设一次侧漏电保护器外,尚应安装二次侧空载降压触电保护器。

5.5.10 使用过危险化学品的容器、设备、桶槽、管道、舱室等,动火前必须清洗,并经测爆合格。

5.5.11 密闭空间内实施焊接及切割,气瓶及焊接电源应置于密闭空间外。

5.5.12 密闭空间焊接作业应设置通风、绝缘、照明装置和应急救援装备。

5.5.13 密闭空间焊接作业应设专人监护,金属容器内照明设备的电压不得超过 12V。

5.5.14 高处电焊、气割作业,作业区周围和下方应采取防火措施,按要求配备消防器材,并应设专人巡视。

5.5.15 雨天严禁露天电焊作业。潮湿区域作业人员必须在干燥绝缘物体上焊接作业。

第七节 起重吊装

《公路工程施工安全技术规范》(JTG F90—2015)

5.6.1 起重吊装应符合现行《建筑施工起重吊装工程安全技术规范》(JG J276)和《起重机械安全规程 第一部分:总则》(GB 6067.1)的有关规定。

5.6.2 起重机械司机、起重信号司索工、起重机械安装拆卸工应按照有关规定经专业机构培训,并应取得相应的从业资格。

5.6.3 起重作业人员应穿防滑鞋、戴安全帽,高处作业时应按规定佩挂安全带。

5.6.4 吊装作业应设警戒区,警戒区不得小于起吊物坠落影响范围。

5.6.5 作业前应检查起重设备安全装置、钢丝绳、滑轮、吊索、卡环、地锚等。

5.6.6 钢丝绳吊索的安全系数应符合下列规定:

(1)当利用吊索上的吊钩、卡环钩挂重物上的起重吊环时,安全系数不得小于 6;

（2）当用吊索直接捆绑重物，且吊索与重物棱角间采取了妥善的保护措施时，安全系数不得小于 6。

5.6.7　吊点位置应符合设计规定，设计无规定的应经计算确定。

5.6.8　施工升降机作业应符合现行《建筑施工升降机安装、使用、拆卸安全技术规程》（JGJ 215）、《施工升降机》（GB/T 10054）的有关规定。

5.6.9　塔吊作业应符合现行《塔式起重机安全规程》（GB 5144）的有关规定。

5.6.10　流动式起重设备通行的道路、作业场地应平整坚实，吊装前支腿应全部打开，并应按要求铺设垫木。

5.6.11　高空吊装梁等大型构件应在构件两端设溜绳。

5.6.12　安装所使用的螺栓、钢楔（或木楔）、钢垫板、垫木和电焊条等材质应符合设计要求。

5.6.13　吊装大、重、新结构构件和采用新的吊装工艺应先进行试吊。

5.6.14　起重机与空架输电线的安全距离应满足现行《施工现场临时用电安全技术规程》（JGJ 46）的规定。当需要在小于规定的安全距离范围内进行作业时，必须采取严格的安全保护措施，并应按照相关规定经有关部门批准。

5.6.15　双机抬吊宜选用同类型或性能相近的起重机，负载分配应合理，单机载荷不得超过额定起重量的 80%。两机应协调起吊和就位，起吊速度应平稳缓慢。

5.6.16　缆索吊机系统施工应符合下列规定：

（1）吊塔、扣塔及相应索具、风缆、锚碇均应进行稳定性验算，安全系数应满足最不利工况要求；

（2）缆索吊机所用材料、设备等进场前，应进行验收，材料应无损伤无变形，强度、刚度应满足设计要求；主缆宜采用钢丝绳，安全系数不得小于 3；

（3）塔吊、扣塔塔架前后及侧向应设置缆风索，缆风索安全系数应大于 2；

（4）缆索吊机正式吊装前应分别按 1.25 倍设计荷载的静荷和 1.1 倍设计荷载的动荷进行起吊试验；

（5）塔架顶部应设置可靠的避雷装置；人员上下塔架应配备符合要求的电梯或爬梯，不得徒手攀爬。

5.6.17 起重机严禁吊人。

5.6.18 严禁采用斜拉、斜吊，严禁超载吊装，严禁吊装起吊重量不明、埋于地下或黏结在地面上的构件。

5.6.19 吊起的构件上不得堆放或悬挂零星物件。

5.6.20 作业人员严禁在已吊起的构件下或起重臂下旋转范围内作业或通行。

5.6.21 吊装作业临时固定工具应在永久固定的连接稳固后拆除。

《建筑施工起重吊装工程安全技术规范》(JGJ 276—2012)

3.0.1 起重吊装作业前，必须编制吊装作业的专项施工方案，并应进行安全技术措施交底；作业中，未经技术负责人批准，不得随意更改。

3.0.19 暂停作业时，对吊装作业中未形成稳定体系的部分，必须采取临时固定措施。

3.0.23 对临时固定的构件，必须在完成了永久固定，并经检查确认无误后，方可解除临时固定措施。

行业经验"十不吊"：

(1)超负荷或歪拉斜拽工件不吊；

(2)指挥信号不明确或违章指挥不吊；

(3)工件或吊物捆绑不牢不吊；

(4)吊件上站人或放有活动物不吊；

(5)重量不明、光线阴暗、视线不清不吊；

(6)带棱角、缺口物体无防割措施不吊；

(7)高压输电线下不吊，氧气瓶、煤气罐等爆炸性物品不吊；

(8)工件埋在地下，与地面建筑物或设备有钩挂不吊；

(9)安全装置不齐全或动作不灵敏、失效者不吊；

(10)工作现场超过六级风或大雨、大雪、大雾等恶劣天气不吊。

第八节　高处作业

《公路工程施工安全技术规范》(JTG F90—2015)

5.7.1　高处作业应符合现行《建筑施工高处作业安全技术规范》(JGJ 80)的有关规定。

5.7.2　高处作业不得同时上下交叉进行。

5.7.3　高处作业下方警戒区设置应符合现行《高处作业分级》(GB 3608)的有关规定。

5.7.4　高处作业人员不得沿立杆或栏杆攀登。高处作业人员应定期进行体检。

5.7.5　高处作业场所临边应设置安全防护栏杆,并应符合下列规定:

(1)防护栏杆应能承受1000N的可变荷载;

(2)防护栏杆下方有人员及车辆通行或作业的,应挂密目安全网封闭,防护栏杆下部应设置高度不小于0.18m的挡脚板;

(3)防护栏杆应由上、下两道横杆组成,上杆离地高度应为1.2m,下杆离地高度应为0.6m;

(4)横杆长度大于2m时,应加设栏杆柱。

5.7.6　高处作业场所的孔、洞应设置防护设施及警示标志。

5.7.7　安全网质量应符合现行《安全网》(GB 5725)的规定,安装和使用安全网应符合下列规定:

(1)安全网安装应系挂安全网的受力主绳。安装完毕应进行检查、验收;

(2)安全网安装和拆除应根据现场条件采取防坠落安全措施;

(3)作业面与坠落高度基准面高差超过2m且无临边防护装置时,临边应挂设水平安全网。作业面与水平安全网之间的高差不得超过3m,水平安全网与坠落高度基准面的距离不得小于0.2m。

5.7.8　安全带使用除应符合现行《安全带》(GB 6095)的规定,尚应符合下列规定:

(1)安全带除应定期检验外,使用前尚应进行检查。织带磨损、灼伤、酸碱腐蚀或出现明显变硬、发脆以及金属部件磨损出现明显缺陷或受到冲击后发生明显变形的,应及时报废;

(2)安全带应高挂低用,并应扣牢在牢固的物体上;

(3)安全带的安全绳不得打结使用,安全绳上不得挂钩;

(4)缺少或不易设置安全带吊点的工作场所宜设置安全带母索;

(5)安全带的各部件不得随意更换或拆除;

(6)安全绳有效长度不应大于 2m,有两根安全绳的安全带,单根绳的有效长度不应大于 1.2m。

5.7.9 严禁安全绳用作悬吊绳。严禁安全绳与悬吊绳共用连接器。新更换安全绳的规格及力学性能必须符合规定,并加设绳套。

5.7.10 高处作业上下通道应根据现场情况选用钢斜梯、钢直梯、人行塔梯,各类梯子安装应牢固可靠。

5.7.11 钢斜梯使用应符合下列规定:

(1)长度不宜大于 5m,扶手高度宜为 0.9m,踏步高度不宜大于 0.2m,梯宽宜为 0.6~1.1m;

(2)长度大于 5m 的应设梯间平台,并分段设梯。

5.7.12 钢直梯应符合下列规定:

(1)攀登高度不宜大于 8m,踏棍间距宜为 0.3m,梯宽宜为 0.6~1.1m;

(2)高度大于 2m 应设护笼,护笼间距宜为 0.5m,直径宜为 0.75m,并设纵向连接;

(3)高度大于 8m 应设梯间平台,并分段设梯,高度大于 15m 应每 5m 设一梯间平台,并分段设梯。

5.7.13 高架桥等大型构件作业场所上下通道宜采用人行塔梯。

5.7.14 人行塔梯宜采用专业厂家定型产品。

5.7.15 自行搭设人行塔梯应根据施工需要和工况条件设计,踏步高度不宜大于 0.2m,踏步梯应设置防滑设施和安全护栏。

5.7.16 人行塔梯安装应符合下列规定:

(1)顶部和各节平台应满铺防滑面板并牢固固定,四周应设置安全

护栏;

（2）人行塔梯基础应稳固,四脚应垫平,并应与基础固定;

（3）塔梯连接螺栓应紧固,并应采取防退扣措施;

（4）人行塔梯高度超过 5m 应设连墙件;

（5）用电线路不宜装设在塔梯上,必须装设时,线路与塔梯间应绝缘;

（6）人行塔梯通往作业面通道的两侧宜用钢丝网封闭。

5.7.17　吊篮作业应符合现行《高处作业吊篮》(GB 19155)的有关规定,且应使用由专业厂家制作的定型产品,不得自行制作吊篮。

5.7.18　高处作业吊篮安装拆卸工应按照有关规定经专业机构培训,并应取得相应的从业资格。

5.7.19　登高梯上端应固定,吊篮和临时工作台应绑扎牢靠。

5.7.20　吊篮和工作台的脚手板必须铺平绑牢,严禁出现探头板。

5.7.21　脚手架的强度、刚度和稳定性应能承受施工期间可能产生的各项荷载。搭设高度 24m 及以上的落地式钢管脚手架的钢管、扣件应进行抽样检测,脚手架设计计算应以钢管抽样检测的壁厚及力学性能为依据。

5.7.23　搭设场地应平整无杂物,并应设防水、排水设施。

5.7.24　脚手架地基与基础应根据所受荷载、搭设高度、搭设场地等情况进行设计及验算。

5.7.25　脚手架应设排水措施,遇洪水或大雨浸泡后,应重新检验脚手架基础。冻胀土基础应设防冻胀措施。

5.7.26　碗扣式、扣件式及门式脚手架搭设应分别符合现行《建筑施工碗扣式钢管脚手架安全技术规范》(JGJ 166)、《建筑施工扣件式钢管脚手架安全技术规范》(JGJ 130)及《建筑施工门式钢管脚手架安全技术规范》(JGJ 128)的相关规定。

5.7.27　脚手架作业层、斜道的栏杆和挡脚板的搭设应符合本规范第5.7.5 条的有关规定。

5.7.28　脚手架的脚手板应满铺、固定,离结构物立面的距离不得大于 0.15m。

5.7.29　脚手架拆除必须严格执行专项施工方案,拆除作业必须由上而下逐层进行,严禁上下同时作业。连墙件必须随脚手架逐层拆除,严禁提前拆除。

5.7.30　架子工应按照有关规定经专业机构培训,并应取得相应的从业资格。作业时应佩带安全帽、穿防滑鞋、系安全带。

5.7.31　高处作业现场所有可能坠落的物体均应预先撤除或固定。所存物料应堆放平稳,随身作业工具应装入工具袋,不得向下抛掷拆卸的物料。

5.7.32　雨雪季节应采取防滑措施。

《建筑施工高处作业安全技术规范》(JGJ 80—2016)

4.1.1　坠落高度基准面 2m 及以上进行临边作业时,应在临空一侧设置防护栏杆,并应采用密目式安全立网或工具式栏板封闭。

4.2.1　洞口作业时,应采取防坠落措施,并应符合下列规定:

(1)当竖向洞口短边边长小于 500mm 时,应采取封堵措施;当垂直洞口短边边长大于或等于 500mm 时,应在临空一侧设置高度不小于 1.2m 的防护栏杆,并应采用密目式安全立网或工具式栏板封闭,设置挡脚板;

(2)当非竖向洞口短边边长为 25～500mm 时,应采用承载力满足使用要求的盖板覆盖,盖板四周搁置应均衡,且应防止盖板移位;

(3)当非竖向洞口短边边长为 500～1500mm 时,应采用盖板覆盖或防护栏杆等措施,并应固定牢固;

(4)当非竖向洞口短边边长大于或等于 1500mm 时,应在洞口作业侧设置高度不小于 1.2m 的防护栏杆,洞口应采用安全平网封闭。

5.2.3　严禁在未固定、无防护设施的构件及管道上进行作业或通行。

6.4.1　悬挑式操作平台设置应符合下列规定:

(1)操作平台的搁置点、拉结点、支撑点应设置在稳定的主体结构上,且应可靠连接;

(2)严禁将操作平台设置在临时设施上;

(3)操作平台的结构应稳定可靠,承载力应符合设计要求。

8.1.2　采用平网防护时,严禁使用密目式安全立网代替平网使用。

第九节 水上作业

《公路工程施工安全技术规范》(JTG F90—2015)

5.8.1 应及时了解当地气象、水文、地质等情况，掌握施工区域附近的桥梁、隧道、大坝、架空高压线、水下管线、取水泵房、危险品库、水产品养殖区以及避风锚地、水上应急救援资源等情况。

5.8.2 开工前，应根据施工需要设置安全作业区，并办理水上水下施工作业许可证，发布航行通告。

5.8.3 水上作业人员应正确穿戴救生衣等个人安全防护用品。

5.8.4 工程船舶必须持有效的船检证书，船员必须持有与其岗位相适应的适任证书，船员配置必须满足最低安全配员要求。

5.8.5 工程船舶应按规定配备有效的消防、救生、堵漏和油污应急设施，制定安全技术措施和应急预案，并应按规定定期演练。施工船舶应安装船舶定位设备，保证有效的船岸联系。

5.8.6 工程船舶甲板、通道和作业场所应根据需求设有防滑装置。施工船舶楼梯、走廊等应保持通畅，楼梯口、应急场所应设有醒目的安全警示标志。

5.8.7 工程船舶必须在核定航区和作业水域内作业。

5.8.8 工程船舶作业、航行或停泊时，应按规定显示号灯或号型。

5.8.9 水上工况条件超过施工船舶作业性能时，必须停止作业。

5.8.10 在狭窄水道和来往船舶频繁的水域施工时，应设专人值守通信频道。

5.8.11 遇雨、雾、霾等能见度不良天气时，工程船舶和施工区域应显示规定的信号，必要时应停止航行或作业。

5.8.12 遇大风天气，船舶应按照规定及时进避风锚地或港池。

5.8.13 靠泊船舶上下人或两船间倒运货物，应搭设跳板、扶手及安全网。

5.8.14 交通船舶必须配有救生设备，载人严禁超过乘员定额。

5.8.15 定位船及抛锚作业船,其锚链、锚缆滚滑区域不得站人,锚缆伸出的水域应设置警示标志。

5.8.16 运输船舶装货时必须均匀加载,严禁超载、超宽、偏载。卸货时必须分层均匀卸载。

5.8.17 起重船作业应符合下列规定:

(1)作业前,人员应熟悉吊装方案,明确联系方式和指挥信号;

(2)根据吊装要求,起重船应指导驳船选择锚位和系缆位置;

(3)吊装前,吊钩升降、吊臂仰俯、制动性能应良好。安全装置应正常有效;

(4)吊装结束后,起重船应退离安装位置,并对起重吊钩进行封钩。

5.8.18 打桩船作业应符合下列规定:

(1)打桩船作业应统一指挥;

(2)打桩架上的活动物件应放稳、系牢,打桩架上的工作平台应设有防护栏杆和防滑装置;

(3)穿越群桩的前缆应选择合适位置,绞缆应缓慢操作,缆绳两侧10m范围内不得有工程船舶或作业人员进入;

(4)桩架底部两侧悬臂跳板的强度和刚度应满足作业要求,跳板的移动和封固装置应灵活、牢固、有效。

5.8.19 打桩船电梯笼必须设防坠落安全装置,笼内必须设置升降控制开关。桩锤检修或加油时,严禁启动吊锤卷扬机。

5.8.20 甲板驳需要配备履带吊、打桩架等机械时,必须符合下列规定:

(1)船舶的稳性必须核算;

(2)机械就位处的船体甲板和船舱骨架必须加固;

(3)履带吊等机械底盘与船体必须整体固结。

5.8.21 拖轮配合非自航工程船舶作业,应由拖轮船长和工程船船长共同商定顶推、绑拖、吊拖的编队方式,拖轮拖力应满足要求。

5.8.22 水中围堰(套箱)和水中作业平台应设置船舶靠泊系统和人员上下通道,临边应设置高度不低于1.2m的防护栏杆,挂设安全绳和救生圈。

四周应设置警示标志和夜间航行警示灯光信号,通航密集水域应配备警戒船和应急拖轮。

第十节　爆破作业

《公路工程施工安全技术规范》(JTG F90—2015)

5.10.1　从事爆破工作的爆破员、安全员、保管员应按照有关规定经专业机构培训,并取得相应的从业资格。

5.10.2　爆破作业单位实施爆破项目前,应按规定办理审批手续,批准后方可实施爆破作业。

5.10.3　爆破作业和爆破器材的采购、运输、储存等应按照现行《民用爆破物品安全管理条例》和《爆破安全规程》(GB 6722)执行。

5.10.4　预裂爆破、光面爆破、大型土石方爆破、水下爆破、重要设施附近及其他环境复杂、技术要求高的工程爆破应编制爆破设计方案,制定相应的安全技术措施;其他爆破可编制爆破说明书,并经有关部门审批同意。

5.10.5　经审批的爆破作业项目,爆破作业单位应于施工前3天发布公告,并在作业地点张贴,施工公告内容应包括:工程名称、建设单位、设计施工单位、安全评估单位、安全监理单位、工程负责人及联系方式、爆破作业时限等。

5.10.6　爆破作业必须设警戒区和警戒人员,起爆前必须撤出人员并按规定发出声、光等警示信号。

5.10.7　爆炸源与人员、其他保护对象的安全距离应按地震波、冲击波和飞散物三种爆破效应分别计算,取最大值。

5.10.8　钻孔装药应拉稳药包提绳,配合送药杆进行。在雷管和起爆药包放入之前发生卡塞时,应用长送药杆处理,装入起爆药包后,不得使用任何工具冲击和挤压。

5.10.9　盲炮检查应在爆破15min后实施,发现盲炮应立即安全警戒,及时报告并由原爆破人员处理。电力起爆发生盲炮时应立即切断电源,爆破网络应置于短路状态。

5.10.10 雷电、暴雨雪天不得实施爆破作业。强电场区爆破作业不得使用电雷管。遇能见度不超过100m的雾天等恶劣天气不得露天爆破作业。

5.10.11 水下电爆网路的主线和连接线应强度高、电阻小、防水、柔韧、绝缘。波浪、流速较大水域的爆破主线应呈松弛状态,并应与伸缩性小的导向绳固定。

5.10.12 投药船离开投放药包地点前,应进行详细检查,船底、船舵、螺旋桨、缆绳和其他附属物不得挂有药包、导线等物品。

5.10.13 水下爆破引爆前,警戒区内不得滞留船舶和人员。

《爆破安全规程》(GB 6722—2014)

5.1 一般规定

5.1.1 爆破设计施工、安全评估与安全监理应按 GA 990 和 GA 991 执行。

5.1.2 爆破设计施工、安全评估与安全监理应由具备相应资质和从业范围的爆破作业单位承担。

5.1.3 爆破设计施工、安全评估与安全监理负责人及主要人员应具备相应的资格和作业范围。

5.1.4 爆破作业单位不得对本单位的设计进行安全评估,不得监理本单位施工的爆破工程。

5.1.5 从事爆破设计施工、安全评估与安全监理的爆破作业单位,应当按照有关法律、法规和本标准的规定实施爆破设计施工、安全评估与安全监理,并承担相应的法律责任。

6.2.2 施工公告

6.2.2.1 凡须经公安机关审批的爆破作业项目,爆破作业单位应于施工前3天发布公告,并在作业地点张贴,施工公告内容应包括:爆破作业项目名称、委托单位、设计施工单位、安全评估单位、安全监理单位、爆破作业时限等。

6.2.2.2 装药前1天应发布爆破公告并在现场张贴,内容包括:爆破地点、每次爆破时间、安全警戒范围、警戒标识、起爆信号等。

6.2.2.3 邻近交通要道的爆破需进行临时交通管制时,应预先申请并至少提前3天由公安交管部门发布爆破施工交通管制通知。

6.2.2.4 在邻近通航水域进行爆破施工时,应在3天前通知港航监督部门。

6.2.2.5 爆破可能危及供水、排水、供电、供气、通信等线路以及运输交通隧道、输油管线等重要设施时,应事先准备好相应的应急措施、应向有关主管部门报告,做好协调工作并在爆破时通知有关单位到场。

6.2.2.6 在同一地区同时进行露天、地下、水下爆破作业或几个爆破作业单位平行作业时,应由建设单位组织协商后共同发布施工公告和爆破公告。

6.7.1 爆破警戒

6.7.1.1 装药警戒范围由爆破技术负责人确定;装药时应在警戒区边界设置明显标识并派出岗哨。

6.7.1.2 爆破警戒范围由设计确定;在危险区边界,应设有明显标识,并派出岗哨。

6.7.1.3 执行警戒任务的人员,应按指令到达指定地点并坚守工作岗位。

6.7.1.4 靠近水域的爆破安全警戒工作,除按上述要求封锁陆岸爆区警戒范围外,还应对水域进行警戒。水域警戒应配有指挥船和巡逻船,其警戒范围由设计确定。

6.7.2 信号

6.7.2.1 预警信号:该信号发出后爆破警戒范围内开始清场工作。

6.7.2.2 起爆信号:起爆信号应在确认人员全部撤离爆破警戒区,所有警戒人员到位,具备安全起爆条件时发出。起爆信号发出后现场指挥应再次确认达到安全起爆条件,然后下令起爆。

6.7.2.3 解除信号:安全等待时间过后,检查人员进入爆破警戒范围内检查、确认安全后,报请现场指挥同意,方可发出解除警戒信号。在此之前,岗哨不得撤离,不允许非检查人员进入爆破警戒范围。

6.7.2.4 各类信号均应使爆破警戒区域及附近人员能清楚地听到或看到。

第十一节　小型机具

《公路工程施工安全技术规范》(JTG F90—2015)

5.11.1　小型机具应有出厂合格证和操作说明书。

5.11.2　小型机具应制定管理制度,建立台账,并按要求维修、保养和使用。

5.11.3　作业人员应了解所用机具性能并熟悉掌握其安全操作常识,施工中应正确佩戴各类安全防护用品。

5.11.4　各种机具不得带病运转。运转中发现不正常时,应先停机检查,排除故障后方可使用。

5.11.5　不得站在不稳定的地方使用电动或气动机具,必须使用时应有专人监护。

5.11.6　齿轮传动、皮带传动、联轴器传动的小型机具应设有安全防护装置。

5.11.7　手持式电动工具应配备安全隔离变压器、漏电保护器、控制箱和电源连接器。

5.11.8　小型起重机具使用应符合下列规定:

(1)千斤顶应垂直安装在坚实可靠的基础上,底部宜用枕木等垫平;

(2)电动葫芦应设缓冲器,轨道两端应设挡板。电动葫芦不得超载起吊,起吊过程中,手不得握在绳索与吊物之间;

(3)卷扬机卷筒上的钢丝绳应排列整齐,不得在转动中用手拉或脚踩钢丝绳。作业中,不得跨越卷扬机钢丝绳。卷筒剩余钢丝绳不得少于3圈。

5.11.9　严禁2台及以上手拉葫芦同时起吊重物。

5.11.10　手持式电动工具的作业应符合现行《手持式电动工具的安全第一部分:通用要求》(GB 3883.1)的规定。

第十二节　涂装作业

《公路工程施工安全技术规范》(JTG F90—2015)

5.12.1　作业、储存场所严禁明火。

5.12.2　涂装作业除符合现行《涂装作业安全规程　安全管理通则》(GB 7691)的规定外,尚应符合下列规定:

(1)从事涂装作业人员应正确佩戴安全防护用品并穿防静电服;

(2)涂装作业设备属于特种设备的应由国家认可的检验机构检验并取得使用登记证书;

(3)储存、作业场所应设立安全警戒区,配备消防设备;

(4)积聚有机溶剂蒸发的低凹死角区域,应设置局部排风装置;

(5)涂装作业结束后,应及时清理现场,撤出涂装作业设备和原料,清除沾污涂料及有机溶剂、废弃物。

5.12.3　有限空间涂装作业必须符合下列规定:

(1)作业场所必须配备检测设备、定时检查作业场所氧气及可燃气体浓度;

(2)作业场所必须设通风设备,作业条件必须符合安全要求;

(3)热加工作业必须设专人监护,烘烤涂层必须使用防爆灯具。

第十六章　路基工程

第一节　一般规定

《公路工程施工安全技术规范》(JTG F90—2015)

6.1.1　路基施工前应掌握影响范围内地下埋设的各种管线情况,制定安全措施。施工中发现危险品及其他可疑物品时,应立即停止施工,按照规定报请有关部门处理。

6.1.2　路基施工应做好施工期临时排水设施总体规划,临时排水设施应与永久性排水设施综合考虑,并与工程影响范围内的自然排水系统相协调。

6.1.3　机械作业范围内不得同时进行人工作业。

6.1.4 施工机械设备不宜在坡度大的边坡区域作业,必要时应采取防止设备倾覆的措施。

6.1.5 多台机械同时作业时,各机械之间应保持安全距离。

6.1.6 路基边坡、边沟、基坑边缘地段上作业的机械应采取防止机械倾覆、基坑坍塌的安全措施。

6.1.7 弃方除应符合现行《公路路基施工技术规范》(JTG F10)的有关规定外,尚应符合下列规定:

(1)施工前,应现场核实弃土场的具体情况,弃土场四周应设立警示标志;

(2)弃方不得影响排洪、通航,不得加剧河岸冲刷。水库、湖泊、岩溶漏斗及暗河口处不得弃方,桥墩台、涵洞口处不得弃方;

(3)弃方作业应遵循"先支护、后弃土"的原则。

第二节 场地清理

《公路工程施工安全技术规范》(JTG F90—2015)

6.2.1 不得焚烧杂草、树木等。

6.2.2 清理淤泥或处理空穴前,应查明地质情况,采取保证人员和机械安全的防护措施。

第三节 土方工程

《公路工程施工安全技术规范》(JTG F90—2015)

6.3.1 取土场(坑)的边坡、深度等应满足设计要求,且不得危及周边建(构)筑物等既有设施的安全。

6.3.2 取土场(坑)底部应平顺并设有排水设施,取土场(坑)边周围应设置警示标志和安全防护设施,宜设置夜间警示和反光标识。

6.3.3 地面横向坡度陡于1∶10的区域,取土坑应设在路堤上侧。

6.3.4 取土坑与路基间的距离应满足路基边坡稳定的要求,取土坑与路基坡脚间的护坡道应平整密实,表面应设1‰~2‰向外倾斜的横坡。

6.3.5 路堑开挖应采取保证边坡稳定的措施,边坡有防护要求的应开挖一级防护一级,且应自上而下开挖,不得掏底开挖、上下同时开挖、乱挖超挖。开挖应按施工方案执行,并应符合下列规定:

(1)宜按规定监测土体稳定性;

(2)应采取临时排水措施;

(3)应及时排除地表水、清除不稳定孤石。

6.3.6 深挖路堑施工应及时施做临时排水设施。边坡应严格按设计坡度开挖,并应监测边坡的稳定性。

6.3.7 填方作业区边缘应设置明显的警示标志,并应做好临时排水。

6.3.8 高填方路堤施工应符合下列规定:

(1)路堤预留宽度应符合设计要求;

(2)应及时施做边坡临时排水设施;

(3)作业区边缘应设置明显的警示标志;

(4)应进行位移监测。

6.3.9 靠近结构物处挖土应采取安全防护措施。路基范围内暂时不能迁移的结构物应预留土台,并应设警示标志。

第四节 石方工程

《公路工程施工安全技术规范》(JTG F90—2015)

6.4.1 爆破作业前应设置警戒区。

6.4.2 石方开挖严禁采用硐室爆破。

6.4.3 近边坡部分宜采用光面爆破或预裂爆破。

6.4.4 高填方路基施工应符合本规范第6.3.7条的规定。

6.4.5 深挖路堑施工过程中,应及时施做临时排水设施。边坡应严格按设计坡度开挖,并应监测边坡的稳定性。

第五节 防护工程

《公路工程施工安全技术规范》(JTG F90—2015)

6.5.1 砌筑施工应符合下列规定：

(1)边坡防护作业应设警戒区，并应设置明显的警示标志；

(2)砌筑作业人员应佩戴安全帽、防滑鞋等防护用品；

(3)高度超过2m作业应设置脚手架，并应符合本规范第5.7节的有关要求；

(4)砌筑作业中，脚手架下不得有人操作及停留，不得重叠作业；

(5)不得自上而下顺坡卸落、抛掷砌筑材料；

(6)高处运送材料宜使用专用提升设备；

(7)高边坡的防护应编制专项安全方案。

6.5.2 砂浆喷射作业应严格执行操作规程，边坡喷射砂浆应自下而上顺序施作。

6.5.3 人工开挖支挡抗滑桩施工除应符合现行《公路路基施工技术规范》(JTG F 10)的有关规定外，尚应符合下列规定：

(1)现场应配备气体浓度检测仪器，进入桩孔前应先通风15min以上，并经检查确认空气符合现行《环境空气质量标准》(GB 3095)规定的三级标准浓度限值。人工挖孔作业时，应持续通风，现场应至少备用1套通风设备；

(2)土石层变化和滑动面处不得分节开挖。应及时加固防护护壁内滑裂面；

(3)同排桩施工应跳槽开挖，相邻桩孔不得同时开挖，相邻两孔中的一孔浇筑混凝土，另一孔内不得有作业人员；

(4)土层或破碎岩石中挖孔桩应采取钢筋混凝土护壁，并应根据计算确定护壁厚度和配筋量；

(5)孔内作业人员应戴安全帽、系安全带、穿防滑鞋，安全绳应系在孔口。作业人员应通过带护笼的直梯进出，人员上下不得携带工具和材料。作业人员不得利用卷扬机上下桩孔；

(6)绞车、绞绳、吊斗、卷扬机等设备应完好，起吊设备应装设限位器和防脱钩装置；

(7)孔口处应设置护圈，护圈应高出地面0.3m。孔口应设置护栏和临时排水沟，夜间应悬挂警示红灯。孔口四周不得堆积弃渣、无关机具及其他杂物；

（8）非爆破开挖的挖孔桩雨季施工，孔口应设置防雨棚，雨天孔内不得施工；

（9）在含有毒有害气体的地区，孔内作业应至少每 2h 检测一次有毒有害气体及含氧量，保持通风，同时应配备不少于 5 套且满足施救需要的隔绝式压缩氧自救器等应急救援器材；

（10）孔深不宜超过 15m，孔径不宜小于 1.2m；

（11）孔深超过 15m 的桩孔内应配备有效的通信器材，作业人员在孔内连续作业不得超过 2h；桩周支护应采用钢筋混凝土护壁，护壁上的爬梯应每隔 8m 设一处休息平台。孔深超过 30m 的应配备作业人员升降设备；

（12）孔口应设专人看守，孔内作业人员应检查护壁变形、裂缝、渗水等情况，并与孔口人员保持联系，发现异常应立即撤出；

（13）挖孔作业人员的头顶部应设置护盖。弃渣吊斗不得装满，出渣时，孔内作业人员应位于护盖下；

（14）孔内照明电压应为安全电压，应使用防水带罩灯泡，电缆线应为防水绝缘电缆；

（15）孔内爆破作业应专门设计，采取浅眼松动爆破法，并应严格控制炸药用量，炮眼附近孔壁应加强防护或支护。孔深不足 10m，孔口应做覆盖防护，爆破作业的安全管理应按照现行《爆破安全规程》（GB 6722）中的有关规定执行，爆破前，相邻桩孔人员必须撤离；

（16）混凝土护壁应随挖随浇，每节开挖深度应符合专项施工方案要求，且不得超过 1m。护壁外侧与孔壁间应填实。混凝土护壁浇筑前，上下段护壁的钩拉钢筋应绑扎牢固。护壁模板应在混凝土强度达到 5MPa 以上后拆除。

6.5.4　挡土墙施工除应符合现行《公路路基施工技术规范》（JTG F 10）的有关规定外，尚应符合下列要求：

（1）挡土墙施工应设警戒区；

（2）回填作业应在挡土墙墙身的强度达到设计强度的 75% 后实施，墙背1.0m 以内不宜使用重型振动压路机碾压；

（3）挡土墙墙高大于2m时，施工应符合本规范第5.7节的有关规定；

（4）锚杆挡土墙施工前，应清除岩面松动石块，并整平墙背坡面。

6.5.5 锚杆、锚索预应力张拉应符合施工工艺要求。

6.5.6 张拉作业应设警戒区，操作平台应稳固，张拉设备应安装牢固。

6.5.7 张拉过程中操作人员不得离岗，千斤顶后方不得站人。

第六节 排水工程

《公路工程施工安全技术规范》(JTG F90—2015)

6.6.1 高边坡截水沟施工应设置防作业人员坠落设施。

6.6.2 排水沟施工不得自上而下滚落运送材料。

6.6.3 渗井应随挖随支，停止施工或完成后应加盖封闭。

第七节 软基处理

《公路工程施工安全技术规范》(JTG F90—2015)

6.7.1 施工场地及机械行走范围的承载力应满足相应的要求，并应保持平整。

6.7.2 排水板打设设备与架空线路之间的安全距离应符合本规范第5.6.14条的有关规定。

6.7.3 振沉砂桩或碎石桩作业灌料斗下方不得站人。

6.7.4 强夯施工应符合下列规定：

（1）强夯作业区应封闭管理并设置安全警示标志，由专人负责统一指挥；

（2）强夯机架刚度、强度、稳定性应满足施工要求，变换夯位后，应检查门架支腿。作业前，应提升夯锤0.1～0.3m检查整机的稳定性；

（3）吊锤机械驾驶室前应设置防护网，驾驶员应佩戴防护镜。

6.7.5 旋喷桩的高压设备和管路系统的密封圈应完好，各管道和喷嘴内不得有杂物。喷射过程中出现压力突变应停工查明原因。

6.7.6 真空预压施工应符合下列规定：

（1）施工用电应符合本规范第 4.4 节的规定；

（2）应观察负压对邻近结构物的影响；

（3）排水不得危及四周道路及结构物。

6.7.7　在淤泥区域进行换填施工作业时，应采取防止人员陷入的措施。

第八节　特殊路基

《公路工程施工安全技术规范》(JTG F90—2015)

6.8.1　滑坡地段路基施工应符合下列规定：

（1）路基施工应加强对滑坡区内其他工程和设施的保护，滑坡区内有河流时，施工不得使河流改道或压缩河道；

（2）滑坡影响范围应设安全警示标志，根据现场情况设置围挡等防护措施；

（3）滑坡影响范围内不得设置临时生产、生活设施或停放机械、堆放机具等；

（4）施工前应先做好截、排水设施，并应随开挖随铺砌。施工用水不得浸入滑坡地段；

（5）滑坡体上开挖路堑和修筑抗滑桩支档构筑物时，应分段跳槽开挖，不得大段拉槽开挖，并随挖、随砌、随填、随夯；开挖与砌筑时应加强支撑和临时锚固，并监测其受力状态；采用抗滑桩挡土墙共同支挡时，应先做抗滑桩后做挡土墙；

（6）冰雪融化期不得开挖滑坡体，雨后不得立即施工，夜间不得施工。

6.8.2　崩塌与岩堆地段施工应符合下列规定：

（1）施工前应对影响范围进行评估，并应对既有建(构)筑物和交通设施等采取相应的安全防护或迁移措施；

（2）施工前应先清理危岩，并根据现场情况修建拦截建(构)筑物等防护措施。防治工程应及时配套完成；

（3）刷坡时应明确刷坡范围，并设置围挡和警示标志；

(4)爆破开挖时应采取控制爆破技术,并加强现场防护及爆破后的检查。

6.8.3 岩溶地区施工应符合下列规定:

(1)施工前应根据洞穴的位置和分布情况,设置明显的警示标志和防护设施;

(2)洞内存在有害气体和物质未排除前人员不得进入,不稳定洞穴应采取临时支撑等安全措施;

(3)应先疏导、引排对路基稳定有影响的岩溶水、地面水;

(4)注浆处理时,应观测注浆压力和周边情况,发现异常应及时采取相应措施。

6.8.4 泥石流地区施工取土和弃土应避开泥石流影响。

6.8.5 采空区施工应符合下列规定:

(1)施工前应在施工现场对采空区塌陷影响范围进行标识,并设置警示标志,规定作业人员和施工机械作业范围;

(2)路基边沟及排水沟底部,应采取防止地表水渗漏到采空区内的措施。

6.8.6 在同一个雪崩区,防雪工程应自雪崩源头开始施工,上一单项工程未完成时,相邻的下一单项工程不得开工。

6.8.7 沿江、河、水库等地区施工应符合下列规定:

(1)沿河、沿溪地区的高填方、半挖半填、拓宽路段的新老交界面应按设计要求采取保证路基稳定的措施,峡谷地段宜采用石质填料;

(2)汛期应采取防洪措施。

第十七章 路面工程

第一节 一般规定

《公路工程施工安全技术规范》(JTG F90—2015)

7.1.1　施工中,拌和楼、发电站(机)、运输车、滑模摊铺机、轨道摊铺机、沥青摊铺机等大型机械设备及其辅助机械(具)操作手不得擅自离开操作台。

7.1.2　施工现场出入口、沿线各交叉口等处应设明显警示、警告标志,并应设专人指挥。

7.1.3　机械设备停放位置应平整,周围应设置明显的警示标志,夜间应设警示灯。

7.1.4　开挖下承层沟槽或施作伸缩缝应设置明显的安全警示标志。

7.1.5　夜间施工,现场作业人员应身穿反光服,路口、危险路段和桥头引道应设置警示灯或反光标志,施工设备均应有照明设备和明显的警示标志,照明应满足夜间施工要求。

7.1.6　隧道内摊铺沥青混凝土路面应符合下列规定:

(1)应采取机械通风排烟,隧道内空气中的有毒气体和可燃气体的浓度不得超过相关规定;

(2)隧道内作业人员应佩戴符合要求的防毒面具;

(3)隧道内应有照明和排风等设施,作业人员应穿反光服。

第二节　基层与底基层

《公路工程施工安全技术规范》(JTG F90—2015)

7.2.1　消解石灰,浸水过程中不得投料、翻拌,人员应远避并采取个体防护措施。

7.2.2　拌和作业开机前应警示,拌和机前不得站人,拌和过程中人员不得跨越皮带或调整皮带运输机。

7.2.3　混合料运输应按指定线路行走,不得超载、超速。卸料升斗时,人员不得在车斗的正下方停留。

7.2.4　整平和摊铺作业应临时封闭交通、设明显警示标志,下承层内的各类检查井口应稳固封盖,辅助作业人员应面向压路机方向作业,设备之间应保持安全距离。

7.2.5　碾压作业应符合下列规定：

(1)多台压路机同时作业时,各机械之间应保持安全距离;

(2)作业人员应在行驶机械后方清除轮上黏附物;

(3)碾压区内人员不得进入,确需人员进入的应安排专人监护。

第三节　沥青面层

《公路工程施工安全技术规范》(JTG F90—2015)

7.3.1　封层、透层、黏层施工应符合下列规定：

(1)喷洒前应做好检查井、闸井、雨水口的安全防护;

(2)洒布车行驶中不得使用加热系统,洒布地段不得使用明火;

(3)小型机具洒布沥青时,喷头不得朝上,喷头 10m 范围不得站人,不得逆风作业;

(4)大风天气,不得喷洒沥青。

7.3.2　沥青储存地点应配备灭火器、消防砂等消防设施,并应设置警示标志。

7.3.3　沥青脱桶、导热油加热沥青作业应采取防火、防烫伤措施。

7.3.4　沥青混合料拌和作业除应符合本规范第7.2.2条规定外,尚应符合下列规定：

(1)拌和机点火失效时,应关闭喷燃器油门,并应通风清吹后再行点火;

(2)拌和过程中人员不得在石料溢流管、升起的料斗下方站立或通行;

(3)沥青罐内检查不得使用明火照明;

(4)沥青拌和站应配备灭火器、消防砂等消防设施。

7.3.5　沥青路面摊铺、碾压应符合本规范第7.2节的有关规定。

第四节　水泥混凝土面层

《公路工程施工安全技术规范》(JTG F90—2015)

7.4.1　拌和及运输应符合本规范第5.4节的规定。

7.4.2 摊铺作业布料机与振平机应保持安全距离。

7.4.3 切缝、刻槽作业范围应设警戒区。

第十八章 桥涵工程

第一节 一般规定

《公路工程施工安全技术规范》(JTG F90—2015)

8.1.1 跨既有公路施工,通行区应搭设安全通道。安全通道应满足通行要求,施工作业面底部应悬挂安全网。安全通道应设防撞设施及限高、限宽、减速标志和设施,梁式桥的模板支架及其他设施宜在防撞栏等上部构造施工完成后拆除。

8.1.2 泥浆池、沉淀池周围应设置防护栏杆和警示标志。

第二节 预应力混凝土工程

《公路工程施工安全技术规范》(JTG F90—2015)

8.2.1 预应力张拉机具设备应按规定校验、标定。

8.2.2 张拉作业应符合下列规定:

(1)张拉作业现场应设警戒区;

(2)张拉及放张程序应符合设计要求。张拉过程中出现异常现象应立即停止张拉作业,检查、排除异常。

8.2.3 先张法施工应符合下列规定:

(1)张拉端后方应设立防护挡墙;

(2)正式施工前应进行试张拉;

(3)张拉及放张过程中预制台座区域及张拉台座两端不得站人;

(4)已张拉的预应力钢筋不得电焊、站人。

8.2.4 先张法施工,张拉台座应经设计验算,强度、刚度和稳定性应符合要求。张拉完毕后,应妥善保护张拉施锚两端。

8.2.5 后张法施工应符合下列规定：

(1)高处张拉应搭设张拉作业平台、张拉千斤顶吊架,平台应加设防护栏杆和上下扶梯；

(2)梁端应设围护和挡板；

(3)张拉作业时千斤顶后方不得站人；

(4)管道压浆作业人员应佩戴护目镜。

第三节　钻(挖)孔灌注桩

《公路工程施工安全技术规范》(JTG F90—2015)

8.3.1 钻(挖)孔灌注桩施工作业应符合下列规定：

(1)施工作业区域应设置警戒区；

(2)临近堤坝及其他水利、防洪设施施工应符合相关部门的有关规定；

(3)山坡上钻(挖)孔灌注桩施工应清除坡面上的危石和浮土；存在裂缝的坡面或可能坍塌区域应采取必要的防护措施；

(4)停止施工的钻、挖孔桩,孔口应加盖防护,四周应设置护栏及明显的警示标志,夜间应悬挂示警红灯；

(5)钻机等高耸设备应按规定设置避雷装置；

(6)钢筋笼下放应采用专用吊具。钢筋笼孔口连接时,孔内钢筋笼应固定牢靠。作业人员不得在钢筋笼内作业,安全带不得扣挂在钢筋笼上；

(7)浇筑混凝土时,孔口应设防坠落设施。

8.3.2 钻孔灌注桩施工作业应符合下列规定：

(1)施工场地及行走道路应平坦坚实,满足钻机正常工作和移动的要求；

(2)钻机安设应平稳、牢固；

(3)发生卡钻时,不得强提,应查明原因并处理；

(4)停钻时,钻头、钻杆应置于孔外安全位置；

(5)钻机电缆线接头应绑扎牢固,不得透水、漏电；电缆线不得浸泡于水中、泥浆中,不得挤压电缆线及风水管路。

8.3.3　冲击钻机的卷扬机应制动良好,钻架顶部应设置行程开关。钢丝绳应无死弯和断丝,安全系数不应小于12;钢丝绳夹数量应与钢丝绳直径相匹配,并应设置保险绳夹。

8.3.4　回旋钻机成孔应符合下列规定:

(1)回旋钻机钻进时,高压胶管下不得站人,水龙头与胶管应连接牢固。钻机旋转时,不得提升钻杆;

(2)钻机移动不得挤压电缆线及管路;

(3)潜水钻机钻孔时,每完成一根钻孔桩后应检查电机的密封状况。

8.3.5　旋挖钻机成孔应符合下列规定:

(1)钻孔作业过程中,应观察主机所在地面变化情况,发现下沉现象应及时停机处理。因故长时间停机应挂牢套管口保险钩;

(2)场内墩位间转移旋挖钻机应预先检查转移路线、放倒机架,并应设专人指挥。

8.3.6　岩溶、采空区和其他特殊地区钻孔灌注桩施工作业应符合下列规定:

(1)施工前,应核对桩位处的地质勘察资料;地质情况有疑问时,应补充完善地质资料;

(2)发生漏浆及坍孔等现象,应立即停止作业,采取保证平台、钻机和作业人员安全的措施。

8.3.7　大直径、超长桩钢护筒作为平台支撑时,最小埋置深度应满足工作平台受力和稳定性要求。

8.3.8　无法采用机械成孔且无地下水或有少量地下水,无不良地质的地区,可采用人工挖孔。

8.3.9　人工挖孔桩作业应制定专项施工方案,并应符合本规范第6.5.3条的规定。

《浙江省交通运输厅关于发布〈浙江省公路水运工程落后施工工艺、设备和材料的淘汰目录(第一批)〉的通知》(浙交〔2019〕35 号)规定:"人工挖孔桩"为限制工艺类。

第四节　沉入桩

《公路工程施工安全技术规范》(JTG F90—2015)

8.4.1　钢筋混凝土桩、预应力混凝土桩和钢管桩的吊运、存放和运输应符合现行《公路桥梁施工技术规范》(JTG/T F 50)的有关规定。

8.4.2　沉入桩施工应符合下列规定:

(1)沉桩施工区域应设置明显的安全警示标志,非作业人员不得进入施工区域;

(2)起吊桩或桩锤作业人员不得在桩、桩锤下方或桩架龙门口停留或作业;

(3)吊点应符合设计要求,桩身应设溜绳,桩身不得碰撞桩锤或桩机。

8.4.3　锤击沉桩作业应符合下列规定:

(1)打桩机移动轨道应铺设平顺、轨距一致,轨道与轨枕应钉牢,钢轨端部应设止轮器,打桩机应设夹轨器;

(2)应设专人指挥打桩机移动,机体应平稳,桩锤应置于机架最低位置,打桩机应按要求配重;

(3)滚杠滑移打桩机,工作人员不得在打桩机架内操作;

(4)应经常检查维护打桩机架及起重工具,检查维护的桩锤应放落在地面或平台上,工作状态不得维护打桩机;

(5)锤击沉桩应按要求观测邻近建(构)筑物和周边土体的沉降和位移,发现异常应停止沉桩并采取措施处理;

(6)沉桩时,桩锤、送桩与桩应保持在同一轴线上。

8.4.4　振动沉桩作业应符合下列规定:

(1)沉桩时,作业人员应远离基桩。沉桩过程遇有异常情况应立即停振,并妥善处理;

(2)桩机停止作业时应立即切断动力源;

(3)电动振动锤使用前应测定电动机的绝缘值,且不得小于 0.5MΩ,并应对电缆芯线进行通电试验。电缆绝缘层应完好无损。电缆线应采取有效的防止磨损、碰撞的保护措施。沉桩或拔桩作业时,电动振动锤的电流不得超过规定值。

8.4.5　水上沉桩除应符合本规范第8.4.1条～第8.4.4条的规定外,尚应符合下列规定:

(1)固定平台、自升式平台应搭设牢固,打桩机底座应与打桩平台连接牢靠;

(2)打桩船沉桩应符合本规范第5.8.18条的有关规定。

8.4.6　拔桩的起重设备应配超载限制器,不得强制拔桩。

第五节　沉井

《公路工程施工安全技术规范》(JTG F90—2015)

8.5.1　沉井制作场地应符合现行《公路桥涵施工技术规范》(JTG/T F 50)的有关规定。

8.5.2　筑岛制作沉井应符合下列规定:

(1)筑岛围堰应牢固、抗冲刷;

(2)筑岛围堰顶高程应高于施工期间可能出现的最高水位0.7m以上,同时应考虑波浪的影响。

8.5.3　施工机械设备应在坚实的基础上作业,其承载力应满足设备施工要求。

8.5.4　沉井顶部作业应搭设作业平台,平台结构应依跨度、荷载经计算确定,作业平台的脚手架应满铺且绑扎牢固,临边防护、通道等设施应符合本规范第5.7节的有关规定。

8.5.5　制作沉井应同步完成直爬梯或梯道预埋件的安设,各井室内应悬挂钢梯和安全绳。

8.5.6　沉井照明应充足,作业施工用电应符合现行《施工现场临时用电安全技术规范》(JGJ 46)的规定。

8.5.7　沉井内的水泵、水力机械、管道、起重等施工设备应安装牢固。

8.5.8　沉井内的潜水作业应符合本规范第5.9节的有关规定。

8.5.9 施工过程中,应安排专人负责观察现场情况,发现涌水、涌砂时,井内作业人员应及时撤离。

8.5.10 下沉前,应对周边的建(构)筑物和施工设备采取有效的防护措施。下沉过程中,应对邻近建(构)筑物、地下管线进行监测,发现异常应停止作业,并采取相应措施。

8.5.11 沉井取土下沉应符合下列规定:

(1)不宜采用爆破法进行沉井内取土,必须爆破时应经专项设计;

(2)开挖沉井刃脚或井内横隔墙附近时,无关人员不得进入现场;

(3)井内起重作业应符合本规范第5.6节的有关规定。

8.5.12 采用配重下沉沉井,配重物件应堆码整齐,沉井纠偏应逐级增加荷载,并连续观测。

8.5.13 高压射水辅助下沉时,高压水不得直接对人或机械设备、设施喷射。

8.5.14 空气幕辅助下沉的储气罐应放置在通风遮阳位置,不得曝晒或高温烘烤。

8.5.15 沉井顶端距地面小于1m时,应在井口四周架设防护栏杆和相关安全警示标志。

8.5.16 沉井接高应停止沉井内取土作业。倾斜的沉井不得接高。

8.5.17 浮式沉井应制订专项施工方案,浮运、就位、下沉等施工阶段应设专人观测沉井的稳定性。

8.5.18 沉井内潜水清理作业应符合本规范第5.9节的有关规定。

8.5.19 浇筑沉井封底混凝土应搭设工作平台。

第六节 地下连续墙

《公路工程施工安全技术规范》(JTG F90—2015)

8.6.1 地下连续墙施工应编制专项施工方案,在堤坝等水利、防洪设施及其他既有构筑物周边施工应进行风险评估,施工过程中应持续观测。

8.6.2 地下连续墙施工应设警戒区,施工现场和施工道路应平整,地基承载力应满足施工要求。

8.6.3　地下连续墙安放钢筋笼、浇筑混凝土应符合本规范第8.3节的有关规定。

8.6.4　开挖作业应在地下连续墙的混凝土达到设计强度后进行。开挖挡土墙结构的地下连续墙时,应严格按照程序设置围檩支撑或土中锚杆。

第七节　围堰

《公路工程施工安全技术规范》(JTG F90—2015)

8.7.1　围堰内作业应及时掌握水情变化信息,遇有洪水、流冰、台风、风暴潮等极端情况,应立即撤出作业人员。

8.7.2　土石围堰施工应符合现行《公路桥涵施工技术规范》(JTG/T F50)的有关规定。

8.7.3　钢板(管)桩围堰施工除应符合本规范第8.4节的有关规定外,尚应符合下列规定:

(1)地下水位高或水中围堰应采取可靠的止水措施;

(2)水中围堰抽水应及时加设围檩和支撑系统;

(3)水上作业应符合本规范第5.8节的有关规定。

8.7.4　双壁钢围堰施工应符合下列规定:

(1)应按设计要求制造钢围堰,焊缝应检验,并应进行水密试验;

(2)浮船或浮箱上组装双壁钢围堰,钢围堰应稳固;

(3)双壁钢围堰浮运、吊装应制订专项施工方案;

(4)水上作业应符合本规程第5.8节的有关规定;

(5)钢围堰接高和下沉作业过程中,应采取保持围堰稳定的措施。悬浮状态不得接高作业;

(6)施工过程中应注意监测水位变化,围堰内外的水头差应在设计范围内。

8.7.5　钢吊(套)箱围堰施工应符合下列规定:

(1)应验算悬吊装置、吊杆的安全性以及有底钢吊(套)箱的抗浮性;

(2)吊装所用设备、机具,状态应良好;

(3)吊(套)箱就位后应及时与四周的钢护筒连成整体;

(4)吊(套)箱内排水应在封底混凝土强度符合设计规定后进行,排水不应过快,并应加强监测吊箱变化情况、及时设置内支撑。

8.7.6 围堰拆除应符合专项施工方案的要求,内外水位应保持一致,拆除时应设置稳固装置,潜水作业应符合本规范第5.9节的有关规定。

《公路桥涵施工技术规范》(JTG/T F50—2011)

12.2.1 土石围堰的高程、平面尺寸及填筑应符合下列规定:

(1)围堰顶面的高程应高出施工期间可能出现的最高水位(包括浪高)0.5～0.7m;

(2)围堰的外形和尺寸应考虑河流断面被压缩后流速增大导致水流对围堰本身和河床的集中冲刷,以及对河道泄洪、通航和导流的影响等不利因素,堰内的平面尺寸应满足基础施工作业的需要;

(3)围堰的填筑应分层进行,减少渗漏,并满足堰身强度和稳定的要求。

12.2.2 土围堰的填筑施工应符合下列规定:

(1)水深1.5m以内,流速0.5m/s以内,河床土质渗水性较小且满足泄洪要求时,可筑土围堰;

(2)堰顶的宽度宜根据施工需要确定;边坡的坡度应按围堰位置的不同、高度及基坑开挖深度等条件确定;

(3)在筑堰之前,应将堰底河床处的树根、石块及其他杂物清除干净。筑堰材料宜采用黏性土或砂夹黏土,填筑应自上游开始至下游合龙,超出水面之后应进行夯实。堰外破面有受水流冲刷的危险时,应采用合适的材料对其进行防护。

13.3.4 承台施工采用钢围堰作为挡水(土)设施时,应根据承台的结构特点、水文、地质和施工条件等因素确定适宜的围堰形式,并应对围堰进行专项设计。钢围堰的设计与施工应符合下列规定:

(1)围堰的平面尺寸宜根据承台的结构尺寸、安装及放样误差等确定,且宜满足承台施工操作空间的需要,围堰内侧距承台边缘的净距不宜小于1m(围堰内侧兼作模板时除外)。围堰的顶面高程应高出施工期间可能出现

的最高水位(包括浪高)0.5～0.7m;在有潮汐的水域,应同时考虑最高和最低施工潮位对围堰的不利影响;

(2)围堰除应满足自身的强度、刚度和稳定性要求外,尚应考虑河床断面被压缩后,流速增大导致的河床冲刷和对通航、导流等的影响;

(3)对围堰结构进行计算时,除应考虑施工荷载及结构重力、水流压力、浮力、土压力等荷载外,尚应根据现场的具体情况考虑可能出现的冲刷、风力、波浪力、流冰压力、船舶或漂浮物撞击力等作用;

(4)围堰结构应根据施工规程中的各种工况,按最不利荷载组合进行强度、刚度及稳定性计算。在围堰内设置支撑的,除应对内支撑结构本身进行局部验算外,尚应将其与围堰作为整体进行总体稳定性验算;设置内支撑时,应考虑其对承台及后续墩身施工的干扰影响;

(5)钢围堰的混凝土封底厚度应符合设计规定;设计未规定时,应根据桩周摩擦力、浮力、围堰结构自重及封底混凝土自身强度等因素经计算后确定;

(6)钢围堰在施工前应制订专项施工技术方案及安全技术方案,明确施工工艺流程;

(7)围堰钢结构的制造可参照本规范第19章的相关规定执行,并应保证其在施工过程中防水严密,不渗漏;

(8)在岸上整体加工制造的钢围堰,当通过滑道或其他装置下水时,其进入的水域面积和水深应足够,并应采取措施控制其下水的速度;采用起重船吊装时,起重船的吊装能力应能满足整体吊装的要求,各吊点的受力应控制均匀,必要时宜进行监控;

(9)钢围堰在灌注封底混凝土之前,应将桩身和堰壁上附着的泥浆冲洗干净,经检验合格后方可进行封底混凝土的施工。封底的施工要求可按本规范第10.5节的规定执行;

(10)钢围堰拆除时,除应采取措施防止撞击墩身外,对水下按设计规定可不拆除的结构,尚应保证其不会对通航产生不利的影响。

13.3.8　双壁钢围堰的施工应符合下列规定:

(1)围堰的双壁间距应根据下沉时需要克服的浮力、土层摩阻力及基底

抗力等经计算确定,并应在双壁之间分设多个对称的、横向互不相通的隔水舱;

(2)双壁钢围堰兼作钻孔平台时,应将钻孔施工产生的全部荷载及各种工况加入到围堰结构的最不利荷载组合中进行设计和验算。钢围堰需度汛或度凌施工时,应制订稳定和防撞击、防冲刷的可靠方案,并应进行相应的验算;

(3)双壁钢围堰结构的制作宜在工厂按设计要求进行,各节、块应按预定的顺序对称组装拼焊,制作完成后应进行焊接质量检验,并应进行水密试验;

(4)围堰应根据现场的水文、地质和通航等情况,设置可靠的定位系统和导向装置。其浮运、下沉、定位等工序的施工及允许偏差应符合本规范第10章的相关规定;

(5)围堰下沉至设计高程,在灌注封底混凝土之前,应对河床面进行清理和整平。围堰置于岩面上时,宜将岩面整平;基岩岩面倾斜或凹凸不平时,宜将围堰底部制作成与岩面相应的异形刃脚,增加其稳定性并减少渗漏。

第八节　明挖地基

《公路工程施工安全技术规范》(JTG F90—2015)

8.8.1　挖基施工宜在枯水或少雨季节进行,并应连续施工,有支护的基坑应采取防碰撞措施,基坑附近有管网或其他结构物时,应有可靠的防护措施。中等以上降雨期间基坑内不得施工。

8.8.2　基坑内作业前,应全面检查边坡滑塌、裂缝、变形以及基坑涌水、涌砂等情况,并应翔实记录。坑沿顶面出现裂缝、坑壁松塌或遇有涌水、涌砂影响基坑边坡稳定时,应立即加固防护,并确认安全后方可恢复施工。

8.8.3　大型深基坑除应遵循边开挖、边支护的原则施工外,尚应建立边坡稳定信息化动态监控系统。

8.8.4　开挖和降水施工应符合下列规定:

（1）开挖应视地质和水文情况、基坑深度按规定坡度分层进行，不得采用局部开挖深坑或从底层向四周掏土的方法施工；

（2）开挖影响邻近建（构）筑物或临时设施时，应采取安全防护措施；

（3）开挖过程中应监测边坡的稳定性、支护结构的位移和应力、围堰及邻近建（构）筑物的沉降与位移、地下水位变化、基底隆起等项目；

（4）基坑顶面应设置截水沟。多年冻土地基上开挖基坑，坑顶截水沟距基坑上边缘不得小于10m，排出水的位置应远离基坑；

（5）排水作业不得影响基坑安全，排水困难时，应采取水下挖基方法，并应保持基坑中原有水位；

（6）爆破开挖宜采用浅眼松动爆破法。爆破作业应符合现行《爆破安全规程》（GB 6722）的规定；

（7）开挖影响既有道路车辆通行时，应制订交通组织方案；

（8）冻结法开挖时，制冷设备的电源应采用不同供电所双路输电，应分层冻结、逐层开挖，不得破坏周边冻结层，基础工程施工应在冻融前完成；

（9）弃方不得阻塞河道、影响泄洪；

（10）基坑周边1m范围内不得堆载、停放设备；

（11）深基坑四周距基坑边缘不小于1m处应设立钢管护栏、挂密目式安全网，靠近道路侧应设置安全警示标志和夜间警示灯带。

8.8.5 坑壁及支护施工应符合下列规定：

（1）应根据水文、地质、开挖方式及施工环境条件等因素，确定坑壁的支护措施，并严格执行；

（2）顶面有动载的基坑，其边沿与动载之间应留有不小于1m宽的护道，动荷载较大时宜适当加宽护道；水文和地质条件较差时，应采取加固措施；

（3）支护结构应通过设计计算确定，支护结构和支撑的强度、刚度及稳定性应满足基坑开挖施工的要求；

（4）直接喷射混凝土加固坑壁，喷射前应清楚坑壁上的松软层及岩渣情况。锚杆、预应力锚索和土钉支护施工参数应通过抗拉拔试验确定；

（5）加固坑壁应按照设计要求逐层开挖、逐层加固，坑壁或边坡上有明显出水点处应设置导管排水。

《建筑深基坑工程施工安全技术规范》(JGJ 311—2013)5.4.5 基坑工程变形监测数据超过报警值,或出现基坑、周边建(构)筑、管线失稳破坏征兆时,应立即停止施工作业,撤离人员,待险情排除后方可恢复施工。

第九节　承台与墩台

《公路工程施工安全技术规范》(JTG F90—2015)

8.9.1　承台施工模板和混凝土作业应符合本规范第5.2节和第5.4节的有关规定。

8.9.2　现浇墩、台身、盖梁施工除应符合现行《公路桥涵施工技术规范》(JTG/T F50)的有关规定外,尚应符合下列规定:

(1)脚手架及作业平台应搭设牢固,不得与模板及其支撑体系联结,高处作业应符合本规范第5.7节的有关规定;

(2)墩身高度超过40m宜设施工电梯,电梯司机应按照有关规定经过专门培训,并应取得相应资格证书;

(3)墩身钢筋绑扎高度超过6m应采取临时固定措施;

(4)模板工程应符合本规范第5.2节的有关要求,设置防倾覆设施,高墩且风力较大地区的墩身模板,应考虑风力影响;

(5)混凝土浇筑应符合本规范第5.4节的有关规定。

8.9.3　预制墩身吊装应符合本规范第5.6节的有关规定。

8.9.4　高墩翻模施工应符合下列规定:

(1)翻模应专门设计,刚度、强度应满足施工要求;

(2)翻模分节分块的重量应满足起重设备的使用规定,吊装作业应符合本规范第5.6节的有关规定;

(3)每层模板均应设工作平台,安全防护设施应符合本规范第5.7节的有关规定;

(4)夜间不宜进行翻模作业。

8.9.5　高墩爬(滑)模施工应符合下列规定:

(1)爬(滑)模系统应专门设计,刚度、强度应满足施工要求。安全防护设施应符合本规范第5.7节的有关规定；

（2）液压系统顶升应保持同步、平稳；

（3）拆模应在混凝土强度达2.5MPa以上后实施。爬升时承载体受力处的强度应大于15MPa；

（4）应经常检查、及时更换预埋爬锥配套螺栓；

（5）爬（滑）模不宜夜间升降。

第十节 砌体

《公路工程施工安全技术规范》（JTG F90—2015）

8.10.1 砌体工程施工应符合下列规定：

（1）砌筑基础前应先做好临时排水，并应检查基坑边坡稳定情况；

（2）砌筑材料应随运随砌、分散码放；

（3）吊运砌筑材料应符合本规范第5.6节的有关规定；

（4）在距地面2m及以上的高处从事砌筑、撬石、运料、开凿缝槽等作业时，应搭设作业平台，高处作业应符合本规范第5.7节的有关规定；

（5）破石及开凿缝槽作业，作业人员之间的距离不应小于2m，砌筑作业应自下而上进行；人员不得在支架下方操作或停留，砌筑勾缝不得交叉作业；

（6）雨、冰冻后，应检查砌体，发现存在垂直度变化、裂缝、不均匀下沉等现象，应查明原因，及时修复；

（7）砌体上不宜拉锚缆风绳、吊挂重物、设置其他施工临时设施和支撑的支承点；

（8）坡面砌筑应预先清除上方不稳固石块等物料，不得从高处往下抛掷石料或自上而下自由滚落运送石料。

8.10.2 加筋土桥台施工应符合下列规定：

（1）面板应逐层安砌，稳固并分层摊铺、碾压填料，未完成填土作业的面板上不得安砌上一层面板；

（2）台背填筑施工过程中应随时观测加筋土桥台的变形、位移，发现异常应暂停施工,及时处理。

8.10.3 勾缝及养护应符合下列规定:

(1)抹面、勾缝、养护涉及高处作业的,应符合本规范第5.7节的有关规定,并应按照先上后下顺序施工;

(2)多级砌体、护坡应按照先上后下的顺序抹面、勾缝;

(3)养护期间应避免砌体震动、承重或碰撞砌体。

第十一节 钢筋混凝土和预应力梁式桥

《公路工程施工安全技术规范》(JTG F90—2015)

8.11.1 支架现浇施工应符合下列规定:

(1)支架、模板和混凝土浇筑应符合本规范第5.2节和第5.4节的有关规定;

(2)支架在承重期间,不得随意拆除任何受力杆件。承重模板支架应在张拉完成后拆除;

(3)梁体底模、支架应严格按设计要求顺序卸载。

8.11.2 移动模架施工应符合下列规定:

(1)模架应按产品的操作手册拼装,并由移动模架设计制造厂家派专人现场指导安装与调试;

(2)首孔梁浇筑位置就位后应按设计要求进行预压;

(3)混凝土的浇筑过程中,应随时检查模架的关键受力部位和支撑系统,有异常时应采取有效措施及时处理;移动过孔时,应监控模架的运行状态;

(4)每完成一孔梁的施工,均应对模架的关键部位及支撑系统进行检查,发现问题应及时处理;

(5)模架横向移动和纵向移动过孔时,应解除作用于模架上的全部约束,纵向移动时两侧的承重钢梁应保持同步,模架在移动过孔时的抗倾覆系数不得小于1.5。

8.11.3 装配式桥施工应符合下列规定:

(1)装配式桥构件移动、存放和吊装时的混凝土强度不应低于设计吊装强度;设计未规定时,不得低于设计强度的80%;

(2)存梁台座应坚固稳定,且应高出地面0.2m以上,存放地点应设置排水系统,梁、板构件存放支点位置应符合设计规定,上下层垫木应在同一条竖线上;叠放的高度宜按构件强度、台座地基的承载力、垫木强度及叠放的稳定性等计算确定,大型构件不宜超过2层,小型构件不宜超过6层;

(3)架桥机的抗倾覆稳定系数不得小于1.3;架桥机过孔时,起重小车应位于对稳定最有利的位置,且抗倾覆稳定系数不得小于1.5,架桥机的安装、使用、检修、检验等应符合现行《架桥机安全规程》(GB 26469)的有关要求;

(4)梁、板构件移动吊点位置应符合设计规定,经冷拉的钢筋不得用作构件吊环,吊环应顺直,吊绳与起吊构件的交角小于60°时应设置吊梁或起吊扁担;

(5)吊移高宽比较大的预应力混凝土T型梁和I型梁应采取防止梁体侧向弯曲的有效措施;

(6)架桥机纵向移动应一次到位,不得中途停顿,起吊天车提升与携梁行走不得同时进行,天车携梁应平稳前移,停止作业的架桥机应临时锚固;

(7)运梁、架设应在相邻梁片之间的横向主筋焊接完成后实施;

(8)架梁和湿接缝施工期间应设置母索系统;

(9)梁、板安装及架桥机移动过孔期间,作业区域下方应设警戒区;

(10)就位后的梁、板应及时固定,T型梁、I型梁应与先安装的构件形成横向连接。

8.11.4 悬臂浇筑除应符合现行《公路桥涵施工技术规范》(JTG/T F50)的有关规定外,尚应符合下列规定:

(1)挂篮制作加工完成后应进行试拼装,现场组拼后,应检查验收,并应按最大施工组合荷载的1.2倍做荷载试验;

(2)挂篮行走滑道铺设应平顺,锚固应稳定,行走前应检查行走系统、吊挂系统、模板系统等;

(3)挂篮应在混凝土强度符合要求后移动,墩两侧挂篮应对称平稳移动;就位后应立即锁定;挂篮每次移动后,应经检查验收;

(4)雨雪天或风力超过挂篮设计移动风力时,不得移动挂篮。

8.11.5 悬臂拼装应符合下列规定:

(1)梁段装车、装船运输应平稳安放,梁段与车、船之间应安装防倾覆固定装置;

(2)梁段起吊时混凝土强度应符合设计规定;

(3)拼装施工前应按施工荷载对起吊设备进行强度、刚度和稳定性验算,其安全系数不得小于2,梁段起吊安装前,应对起吊设备进行全面安全技术检查,并应分别进行1.25倍设计荷载的静荷和1.1倍设计荷载的动荷起吊试验。梁段正式起吊拼装前,起吊条件应符合要求;

(4)天气突然变化、卷扬机电机过热或其他机械设备出现故障时,应暂停吊运作业,并应采取相应的应急避险措施。

8.11.6 顶推施工应符合现行《公路桥涵施工技术规范》(JTG/T F50)的有关规定,墩台上宜设置导向装置,顶推过程中,宜监测梁体的轴线位置、墩台的变形、主梁及导梁控制界面的挠度和应力变化等;发现异常,应停止顶推并处理。

8.11.7 整孔预制安装箱梁施工应符合现行《公路桥涵施工技术规范》(JTG/T F50)的有关规定,架设安装时,箱梁在起落过程中应保持水平;顶落梁时梁体的两端应同步缓慢起落,且不得冲击临时支座。

《公路桥涵施工技术规范》(JTG/T F50—2011)

16.5.1 用于悬臂浇筑施工的挂篮,其结构除应满足强度、刚度和稳定性要求外,尚应符合下列规定:

(1)挂篮与悬浇梁段混凝土的重量比不宜大于0.5,且挂篮的总重应控制在设计规定的限重之内;

(2)挂篮的最大变形(包括吊带变形的总和)应不大于20mm;

(3)挂篮在浇筑混凝土状态和行走时的抗倾覆安全系数、自锚固系统的安全系数、斜拉水平限位系统的安全系数及上水平限位的安全系数均不应小于2;

(4)挂篮的支承平台应有足够的平面尺寸,应能满足梁段现场施工作业需要;

（5）挂篮模板的制作与安装应准确、牢固,安装误差应符合本规范第 5 章的规定。后吊杆和下限位拉杆孔道应严格按设计尺寸准确预留;

（6）挂篮制作加工完成后应进行试拼装。挂篮在现场组拼后,应全面检查其安装质量,并应进行模拟荷载试验,符合挂篮设计要求后方可正式投入使用。

16.5.4　悬臂浇筑施工应符合下列规定:

（1）悬臂浇筑施工应对称、平衡地进行,两端悬臂上荷载的实际不平衡偏差不得超过设计规定值;设计未规定时,不宜超过梁段重的 1/4。悬臂梁段应全断面一次浇筑完成,并应从悬臂端开始,向已完成梁段推进分层浇筑;

（2）悬臂浇筑的施工过程控制宜遵循变形和内力双控的原则,且宜以变形控制为主。悬浇过程中梁体的中轴线允许偏差控制在 5mm 以内,高程允许偏差为 ±10mm;

（3）挂篮前移时,宜在其后方设置控制其滑动的装置或在滑道上设置止动装置;前移就位后,应立即将后锚固点锁定,防止倾覆;

（4）当悬臂浇筑施工跨越铁路、公路、航道及其他建筑物时,应采用有效的安全施工防护措施。

第十二节　拱桥

《公路工程施工安全技术规范》(JTG F90—2015)

8.12.1　各类拱桥施工涉及高空作业,安全防护设施均应符合本规范第 5.7 节的有关规定。

8.12.2　拱架浇(砌)筑拱圈应符合下列规定:

（1）拱架及模板应进行专项设计,强度、刚度和稳定性应满足最不利工况要求。落地式拱架弹性挠度不得大于相应结构跨度的 1/2000,且不得超过 50mm;拱式拱架弹性挠度不得大于相应结构跨度的 1/1000,且不得超过 100mm。拱架抗倾覆稳定系数不得小于 1.5,并应满足本规范第 5.2 节的有关规定;

（2）拱架正式施工前应进行预压，预压应符合本规范第 5.2 节的有关规定；

（3）拱圈混凝土浇筑或圬工砌筑顺序应按设计要求实施，两端应同步、对称浇（砌）筑。浇（砌）筑时应观测拱架变形情况，发现异常应及时处理；

（4）拱架拆除应设专人指挥，不得使用机械强行拽拉拱架；

（5）现浇混凝土拱圈的拱架应按设计要求拆除，设计无规定时应在拱圈混凝土达到设计强度的 85％后拆除。浆砌圬工拱桥的拱架应在砂浆强度达到设计强度的 85％后拆除。

8.12.3 混凝土拱肋、横撑、斜撑施工应符合本规范第 8.12.2 条的规定，应在拱肋、横撑、斜撑混凝土强度达到 100％后，按设计要求的顺序拆除支架。

8.12.4 悬臂浇筑混凝土拱圈除应符合本规范第 8.11.4 条的规定外，尚应符合下列规定：

（1）扣塔、扣索、锚碇组成的系统强度、刚度和稳定性应满足最不利工况要求；

（2）扣索应在拱圈混凝土达到设计规定的强度后分批、分级张拉，扣索、锚索的钢丝绳和卡具的安全系数应大于 2；

（3）应按设计要求调索，并应设专人检查张拉段和扣锚段工作状况，记录索力和位移变化；

（4）扣索和锚索应在合龙段混凝土强度符合设计规定的强度或达到设计强度的 85％后拆除；挂篮应在拱脚处拆除。

8.12.5 斜拉扣挂法悬拼拱肋施工应符合下列规定：

（1）扣塔架设及扣锚索张拉应搭设操作平台及张拉平台；

（2）扣塔上应设缆风索，缆风索安全系数应大于 2；

（3）扣索、锚索应逐根分级、对称张拉、放张，扣索、锚索安全系数应大于 2。

8.12.6 拱上吊机施工拱肋应符合下列规定：

（1）拱上吊机抗倾覆稳定性应满足最不利工况要求；

（2）过程中扣索、锚索施工应满足本规范第 8.12.5 条的相关规定；

（3）拱上吊机前行到位后，前支后锚应牢固。非工作状态时应收拢吊钩，臂杆应与钢梁固定；

（4）吊机纵、横移轨道上应配备止轮器。

8.12.7　钢管拱肋内混凝土应按设计顺序两端对称浇筑。

8.12.8　转体施工应符合下列规定：

（1）桥梁转体的转动体系、锚固体系、动力体系等应进行专项设计；

（2）转体施工前，应掌握转体作业期间的天气情况，遇恶劣天气不得进行转体施工；

（3）正式转体前应进行试转，明确转动角速、拱圈悬臂端线速度，牵引力等相关技术参数；

（4）转体完成后应及时约束固定，并应浇筑施工球铰处混凝土；

（5）合龙段施工时，悬臂端的临时压重及卸载应按照设计方案要求的重量、位置及顺序作业。

8.12.9　有平衡重平转施工应符合下列规定：

（1）转体前，应核对平衡体的重量和转动体系的重心；采用临时配重，应设置锚固设施；

（2）转动体系应平衡可靠，抗倾覆安全系数应大于 1.5，四周的保险支腿应稳固；

（3）转动铰低于水面应设围堰保护，低于地平面应在基坑周围砌护墙，围堰和基坑周围应设护栏，非转体作业人员不得入内；

（4）扣索和后锚索应牢固可靠。扣索张拉应符合设计要求，应检测扣索的索力，允许偏差不得超过±3％；

（5）采用内、外锚扣体系时，扣索宜采用钢绞线和带镦头锚的高强钢丝等高强材料，其安全系数应大于 2；大跨径拱桥采用多扣点张拉时，应确保张拉过程同步；

（6）扣索张拉到位、拱圈卸架后，应进行 24 小时观测，检验锚固、支撑体系的可靠程度；

（7）转动时应控制转动速度，千斤顶应同步牵引。转动角速度应控制在 $0.01 \sim 0.02 \mathrm{rad/min}$，拱圈悬臂端的线速度应控制在 $1.5 \sim 2.0 \mathrm{m/min}$；

(8)钢丝绳牵引索应在千斤顶直接顶推启动后再牵引转动；

(9)接近止动距离时应按方案要求进行止动操作，并应设专人负责限位工作；

(10)合龙段混凝土达到设计强度后，应分批、分级松扣，拆除扣、锚索。

8.12.10 无平衡重平转施工应符合下列规定：

(1)尾索张拉、扣索张拉、拱体平转、合龙卸扣作业应监测索力、轴线、高程等；

(2)无平衡重平面转体锚固体系的抗剪强度、抗滑稳定性应符合设计要求。锚碇系统两方向的平撑及尾索应形成三角稳定体。转动体系应灵活自如、安全可靠。位控体系能控制转动体的转动速度和位置；

(3)两组尾索应上下左右对称、均衡张拉，桥轴向和斜向的尾索应分次、分组交叉张拉，各尾索的内力应均衡；

(4)扣索张拉前，应检查支撑、锚梁、轴套、拱铰、拱体和锚碇等部位(件)。扣索应锚固可靠，拱圈(肋)卸架应对称拴扣风缆；

(5)扣索应对称于拱体按由下向上的次序分级张拉。张拉过程中各索内力相对偏差应控制在 5kN 以内；

(6)风缆的走速在启动和就位阶段应控制在 $0.5\sim0.6$m/min，中间阶段应控制在 $0.8\sim1.0$m/min；

(7)合龙后扣索应对称、均衡、分级拆除，拆除过程中应监控拱轴线及扣索内力。

8.12.11 竖转法施工应符合下列规定：

(1)扣索应选用钢丝绳或钢绞线，钢丝绳的安全系数不得小于 6，钢绞线的安全系数不得小于 2，锚碇的抗拔、抗滑安全系数不得小于 2；

(2)索塔的偏载、荷载变化和风力等不得超出设计要求；

(3)转动铰应转动灵活，接触面应满足局部承压要求；索塔顶端滚轴组鞍座内应无异物；拱上多余约束应解除；

(4)遇恶劣天气不得进行转体施工；

(5)转动前应进行试转，竖转速度应控制在 $0.005\sim0.01$rad/min；

(6)转动过程中扣索应同步提升，速度应均匀、可控，并应不间断观测吊

塔顶部位移,检测后锚索与扣索的索力差,并应控制在允许范围以内;

(7)拱顶两侧应对称栓扣缆风索,释放索距应与扣索提升同步。

8.12.12 吊杆(索)、系杆施工应搭设稳定、安全的施工平台,张拉应同步、对称。

8.12.13 拱上结构应符合下列规定:

(1)缆索吊装或斜拉扣挂系统应符合本规范第8.12.6条的有关规定;

(2)拱上结构施工应符合现行《公路桥涵施工技术规范》(JTG/T F50)的有关规定。

《公路桥涵施工技术规范》(JTG/T F50—2011)

15.2.2 拱架的制作和安装应符合下列规定:

(1)制作拱架所采用材料的规格和质量应符合设计要求。对钢拱架,宜采用标准化、通用化的常备式构件,或型钢、钢管等材料;在特殊情况下采用木拱架时,应选择材质坚硬、无损伤且湿度较小的材料。拱架的制作应保证杆件或构件的尺寸准确,连接节点处的螺栓孔或焊接质量应满足施工设计要求;

(2)拱架在安装前,应对桥轴线、拱轴线、跨径、高程等进行校核,确认无误后方可进行拼装。拼装应根据拱架构造确定的适宜的方法进行,分片或分段拼装时应有保证拱架稳定的临时措施,必要时应设置缆风绳进行固定;拱架拼装时尚应设置足够的平联、斜撑和剪刀撑保证其横向的稳定;

(3)拱架应设置施工预拱度和卸落装置,其施工要求除应符合本规范第5.4.3条的规定外,拱式拱架尚应考虑其受载后产生水平位移所引起的拱圈挠度。各类拱架的顶部高程应符合拱圈下缘加预拱度后的几何线形,允许偏差为±10mm;拱架纵轴的平面位置偏差应不大于跨度的1/1000,且不大于30mm;

(4)拱架安装完成后,应按设计荷载进行预压;并应对其平面位置、顶部高程、节点连接及纵横向的稳定性进行全面检查,符合要求后,方可进行下一工序;

(5)拱架应稳定、牢固,应能抵抗在施工过程中可能发生的偶然碰撞和震动。

15.2.3　拱架的拆卸应符合下列规定：

(1)现浇混凝土拱圈的拱架，其拆除期限应符合设计规定；设计未规定时，应在拱圈混凝土强度达到设计强度的85%后，方可卸落拆除；

(2)卸落拱圈应按提前拟定的卸落程序进行，且宜分步卸落；在纵向应对称均衡卸落，在横向应同时一起卸落。满布式落地拱架卸落时，可从拱顶向拱脚依次循环卸落；拱式拱架可在两支座处同时均匀卸落；多孔拱桥卸架时，若桥墩允许承受单孔施工荷载，可单孔卸落，否则应多孔同时卸落，各连续孔分阶段卸落。卸落拱架时，应设专人对拱圈的挠度和墩台的位移等情况进行监测，当有异常时，应暂停卸落，查明原因并采取措施后方可继续进行。

15.3.1　跨径较小的拱圈或拱肋，应按拱圈的全宽从两端拱脚向拱顶对称地连续浇筑混凝土，并应在拱脚混凝土初凝前全部完成。跨径较大的拱圈或拱肋，应沿拱跨方向分段对称浇筑，分段的位置应以拱架受力对称、均匀和变形小为原则，且宜设置在拱顶、L/4部位、拱脚及拱架节点等处；各段的接缝面应与拱轴线垂直，各分段点应预留间隔槽，其宽度宜为0.5～1.0m，槽内有钢筋接头时，其宽度尚应满足钢筋接头的需要。

15.3.2　浇筑拱圈混凝土时，应严格按照预先制定的浇筑程序对称于拱顶进行，并应控制两端的浇筑速度，避免产生过大的偏差。分段浇筑时，各分段内的混凝土宜一次连续浇筑完成，因故中断时，应浇筑成垂直于拱轴线的施工缝；如已浇筑成斜面，应凿成垂直于拱轴线的平面或台阶式结合面。

15.3.3　间隔槽混凝土的浇筑应符合设计规定。设计未规定时，应在拱圈混凝土的强度达到设计强度的85%后，由拱脚向拱顶对称进行浇筑；拱顶及拱脚间隔槽的混凝土应在最后封拱时浇筑。

15.3.4　大跨径拱圈采用分环(层)、分段法浇筑混凝土时，纵向钢筋宜分段设置，且其接头应设在最后的几个间隔槽内，待浇筑间隔槽混凝土时再连接。

15.3.5　大跨径钢筋混凝土箱形拱圈采用在拱架上组装部分预制部件然后现浇混凝土的方法进行施工时，组装和现浇均应从两拱脚向拱顶对称进行。箱形拱圈的底板施工时,应按拱架的变形情况设置间隔缝,缝内的混凝土应在底板合龙时浇筑;拱圈的底、腹板混凝土强度达到设计强度的85%后方可安装盖板,铺设钢筋,现浇顶板混凝土。

15.3.6　拱圈合龙的温度应符合设计要求;设计未要求时,宜选择夜间气温较稳定时段的温度。拱圈合龙前如采取千斤顶对两侧拱圈施加压力的方法调整拱圈应力时,拱圈混凝土的强度应达到设计规定的强度。

15.3.7　拱圈在浇筑过程中,应随时监测拱架的变形,如变形量超过计算值,应及时查明原因,并采取加固拱架或调整加载顺序的措施,保证施工安全。

第十三节　斜拉桥

《公路工程施工安全技术规范》(JTG F90—2015)

8.13.1　混凝土索塔施工应符合下列规定:

(1)参加索塔施工的人员应体检,患高血压、心脏病、高空作业禁忌症及医生认为其他不适合从事高空作业的人员,不得从事索塔施工作业;

(2)塔吊上部应装设测风仪。塔吊停机作业后,吊臂应按顺风方向停放;

(3)索塔施工作业,应在劲性骨架、模板、塔吊等构筑物顶部设置有效的避雷设施,并应定期检测防雷接地电阻;

(4)索塔、横梁等悬空作业,应形成绕索塔塔身封闭的高空作业系统,每层施工面应设置安全立网和平网,立网高度不得小于1.5m,平网应随施工高度提升,网格、网距、受力等应符合要求;

(5)索塔施工应设警戒区,通往索塔人行通道的顶部应设防护棚;

(6)索塔上部、下部、塔腔内部等通信联络应畅通有效;

(7)起重作业应执行本规范第5.6节的有关规定;

(8)索塔施工超过40m时应设置施工升降机;

(9)索塔施工机具、设备和物料的提升和吊运应使用专用吊具;

(10)采用泵送浇筑塔身混凝土,混凝土泵管应附墙设置,泵管附墙件应

经计算、审核,并应定期检查;

(11)索塔施工平台四周及塔腔内部应按要求配备消防器材;

(12)索塔施工应设置劲性骨架,劲性骨架的刚度、强度应能满足钢筋架立、模板安装的要求;

(13)倾斜索塔施工应验算索塔内力,并应分高度设置水平横撑或拉杆。

8.13.2 索塔横梁及塔身合龙段施工应符合下列规定:

(1)支架系统应进行专门设计,其强度、刚度和稳定性应满足最不利工况要求;

(2)支架焊接、栓接作业应设置牢固的作业平台;

(3)支架系统安装完成后,应组织验收,并应详细记录;

(4)横梁与索塔采用异步施工时,上部索塔、下部横梁均应采取防止高空坠落和物体打击的安全措施;

(5)下横梁和中横梁钢筋混凝土施工时,在支撑模板的分配梁四周应安装不低于1.2m的安全护栏,护栏外侧应满挂安全网;

(6)索塔横梁及塔身合龙段预应力施工,应搭设操作平台,防护设施应符合本规范第5.7节的有关规定;

(7)在横梁、塔身合龙段内部空心段拼装、拆除模板时,应配备消防器材和照明设施,必要时应采取通风措施。

8.13.3 钢梁施工应符合下列规定:

(1)钢梁施工应编制专项施工方案,超过一定规模的危险性较大工程应按要求进行专家论证;

(2)钢梁构件和梁段运输应采取临时固定措施;

(3)钢梁存放场地应平整、稳固、排水良好,基础承载力应满足要求。钢梁存放堆码不得大于2层;

(4)吊装作业应设置缆风绳等软固定设施;

(5)非定型桥面悬臂吊机应进行专门设计,委托具有相应资质的专业单位加工制造,并组织验收;

(6)梁段吊装前,应检查桥面悬臂吊机的前支点和后锚固点等关键受力部位;

（7）不得用桥面悬臂吊机调整梁段之间的缝宽及梁端高程；

（8）压锚前应校验液压千斤顶、测力设备，压索前应检查张拉系统，连接丝杆与斜拉索应顺直；

（9）在现场高空焊接、栓接梁段，宜采用桥梁永久检修小车作为焊接、栓接操作平台，梁段焊缝探伤作业人员应穿带有防辐射功能的防护背心；

（10）已拼接的桥面钢箱梁临边应设置防护栏杆；

（11）钢箱梁悬拼过程中，箱梁内应保持通风，箱梁内照明应使用安全电压；

（12）主梁施工过程中，在梁端安装斜拉索后，应在梁端采取控制斜拉索的措施；

（13）大跨径斜拉桥施工安排应合理，长悬臂状态下的主梁施工不宜在大风或台风季节进行；不可避免时，应验算长悬臂主梁的稳定性，并应采取临时抗风加固措施。

8.13.4　混凝土主梁挂篮悬浇除应符合本规范第8.11节挂篮施工的规定外，尚应符合下列规定：

（1）挂篮安装调试后，应按最大施工组合荷载的1.2倍做荷载试验；

（2）采取挂篮浇筑主梁0号段及相邻梁段浇筑施工时，应设置可靠的支架系统，施加在支架上的临时施工荷载应包括悬浇挂篮的重量；

（3）浇筑混凝土前，应检查挂篮锚固、水平限位、吊带等部件；

（4）浇筑混凝土应保持挂篮对称平衡，偏载量不得超过设计规定；

（5）挂篮后端应与已完成的梁段锚固，稳定系数不得小于2；

（6）挂篮行走速度应小于1.0m/min，前移滑道应铺设平整、顺直，不得偏移。前移时应检查后锚固及各部件受力情况，后锚固的稳定系数不得小于2，就位后，后锚固点应立即锁定；

（7）挂篮后锚固解除后，挂篮应沿箱梁中轴线对称向两端推进，每前进0.5m应观测一次。

8.13.5　斜拉索施工应符合下列规定：

（1）在船上放置索盘架，应保持放索船平衡。索盘架底部与船体甲板应焊牢，索盘架的4个承重点应置于船体骨架上，索架应焊斜支撑；

(2)斜拉索展开时,索头小车应保持平衡,操作人员与索体距离不得小于 1m;

(3)塔端挂索施工平台应搭设牢固,作业平台关键部位焊接应牢固,平台四周及人员上下平台的通道应设置防护栏杆,护栏外侧应满挂安全网。人员上下通道跳板应满铺;

(4)塔内脚手架应稳定可靠,操作平台应封闭,操作平台底应挂安全网。作业人员不得向索孔外扔物品;

(5)塔腔内应设人员疏散安全通道;

(6)塔腔内照明应采用安全电压,并应配备消防器材。塔腔内不得存放易燃易爆物品;

(7)塔端挂索前,应检查塔顶卷扬机、导向轮钢丝绳及卷扬机与塔顶平台的连接焊缝;

(8)挂索前,应检查塔腔内撑脚千斤顶、手拉葫芦及千斤顶的吊点情况;

(9)挂索或桥面压索前,应检查张拉机具。连接丝杆与斜拉索应顺直,夹板应无变形,焊缝应无裂纹,螺栓应无损伤;

(10)梁端移动挂索平台应搭设牢固,滑车及轨道应保持完好;

(11)塔腔内放软牵引索应同步,安装工具夹片应及时;

(12)千斤顶、油泵等机具及测力设备应校验。张拉杆的安全系数应大于 2,每挂 5 对索应用探伤仪检查一次张拉杆,不得使用有裂纹、疲劳及变形的张拉杆。

第十四节　悬索桥

《公路工程施工安全技术规范》(JTG F90—2015)

8.14.1　重力式锚碇基坑作业应符合下列规定:

(1)基坑开挖施工除应符合本规范第 8.8 节的有关规定外,尚应沿等高线自上而下分层进行开挖,及时支护坑壁,在坑外和坑底应分别设置截水沟和排水沟。

(2)夜间施工基坑周围应设置警示灯。

8.14.2 重力式锚碇基础施工应符合下列规定：

（1）沉井作为锚碇基础施工除应符合本规范第8.5节的有关规定外，尚应在施工下沉过程中注意观察江边堤防等水利设施的稳定情况，发现异常应及时采取相关措施；

（2）地下连续墙基础的施工除应符合本规范第8.6节的有关规定外，尚应在基坑开挖前对地下连续墙基底的基岩裂隙进行压浆封闭，并应采取防渗措施；

（3）高处作业和脚手架施工应符合本规范第5.7节的有关规定。

8.14.3 隧道锚洞室开挖和岩锚开挖宜在开挖场所附近选取一处地质相似的地方进行爆破试验，对爆破施工方案的各种参数应进行试验和修正，并应据此确定爆破方案。

8.14.4 索塔施工应符合现行《公路桥涵施工技术规范》（JTG/T F50）和本规范第8.13节的有关规定。

8.14.5 索鞍吊装施工应符合下列规定：

（1）对设置在塔顶或鞍部顶面的起重支架及附属的起重装置等应进行专门设计，其强度、刚度和稳定性应符合要求；

（2）地面各作业施工区域场地应设置警戒区，并应设置地面安全通道、作业卷扬机防护顶棚等安全防护设施；

（3）起重支架在索鞍吊装作业前，应进行荷载试验。试吊加载的重量分别为设计吊重的80％、100％、110％和125％，其中80％和125％加载时为静载试验，100％和110％加载时为动载试验；

（4）索鞍吊装时应垂直起吊，吊装过程中构件下方不得站人或有人员过往；

（5）索鞍吊装施工尚应按本规范第5.6节、第5.7节的有关规定执行。

8.14.6 猫道施工设计应符合下列规定：

（1）猫道应根据悬索桥的跨径、主缆线形、施工环境条件等因素进行专门设计，其结构形式和各部尺寸应满足主缆工程施工的需要；

（2）猫道的线形宜与主缆空载时的线形平行。猫道面层宜由阻风面积小的两层大、小方格钢丝网组成，面层顶部与主缆下沿的净距宜为1.3～

1.5m;猫道的净宽宜为 3~4m,扶手高宜为 1.2~1.5m。猫道在桥纵向应左右对称于主缆中心线布置,猫道间宜设置横向人行通道;

(3)猫道的强度、刚度和抗风稳定性应符合要求;猫道承重索计算时,其荷载组合与安全系数应符合表 8.14.6(略)的规定;

(4)承重索的锚固系统每端宜设大于 2m 的调整长度;

(5)猫道锚固系统及其他各种预埋件应满足设计受力要求,拉杆应按照设计要求调整,拉杆加工制作单位应按规定具备相关资质,拉杆制作完成后应做探伤和抗拉试验。

8.14.7 先导索施工应符合下列规定:

(1)先导索施工前应对施工方案进行专项论证,并应加强先导索跨越区域的监控;

(2)采用火箭牵引先导索施工,应由专业机构操作,并按规定经相关部门批准。火箭发射及着陆区域应设置安全警戒区;

(3)采用拖轮牵引先导索施工,拖力应满足牵引技术要求,并应经海事、航道管理部门批准,施工期间应封航;

(4)采用直升机、无人机牵引先导索施工,直升机、无人机性能应满足牵引技术要求,并应按规定经有关部门批准;

(5)恶劣天气不得进行先导索牵引作业。

8.14.8 猫道架设应符合下列规定:

(1)猫道架设应按照横桥向对称、顺桥向边跨和中跨平衡的原则,裸塔塔顶的变位及扭转应控制在设计允许范围内;

(2)承重索及其他钢丝绳投入使用前应严格验收,禁止使用断丝、变形、锈蚀等超出相应规定的钢丝绳,施工过程中应注意检查和防护;

(3)承重索和抗风缆采用钢丝绳时,架设前应通过预张拉消除钢丝绳非弹性变形,预张拉荷载不得小于其破断拉力的 0.5 倍;

(4)横桥向架设承重索,两侧应同步架设,数量差不宜超过 1 根;顺桥向架设承重索,边跨与中跨应连续架设,且中跨的承重索宜采用托架法架设;

(5)面层及横向通道铺设,宜从索塔塔顶开始,同时向跨中和锚碇方向对称、平衡架设安装,并应设置牵引及反拉系统,控制面层铺设下滑速度;

（6）猫道面层应每隔 0.5m 绑扎一根防滑木条，每 3m 交替设置面层小横梁和大横梁，并应与猫道牢固连接；

（7）猫道外侧应设置扶手绳及钢丝密目网；

（8）猫道单根承重索宜采用整根钢丝绳，接长的连接方式应安全、可靠，应进行工艺评定，并应进行静载试验，连接部位实际抗拉力应大于钢丝绳最小破断力。

8.14.9　猫道拆除应符合下列规定：

（1）猫道拆除前应制订专项施工方案，对承重索、扶手绳、横向通道等构件应进行受力计算，拆除使用的各种机具应满足受力要求；

（2）猫道拆除前应收紧承重索；

（3）猫道面层和底梁宜按中跨从塔顶向跨中方向、边跨从塔顶向锚碇方向的顺序分段拆除；

（4）猫道下放前，下放的垂直方向不得有障碍物；

（5）猫道拆除前，影响拆除作业区域的翼缘板不得施工。

8.14.10　主缆施工应符合下列规定：

（1）索股放索速度不得超过方案规定值，索股牵引过程中应有专人跟踪牵引锚头，且宜在沿线设观测点监测索股的运行状况；

（2）索股整形入鞍时，握索器与索股应连接可靠，索股应保持在限位轮中，操作人员不得处于索股下方；

（3）索股锚头入锚后应临时锚固，索鞍位置处调整好的索股应临时压紧固定，不得在鞍槽内滑移。

8.14.11　索夹与吊索施工应符合下列规定：

（1）在满足施工需要的前提下，应减小猫道面层开孔面积，并应在开孔位置四周绑扎防滑木条，设立警示标志；

（2）索夹在主缆上定位后，应紧固螺栓，紧固同一索夹的螺栓时，各螺栓受力应均匀；

（3）采用缆索吊安装索夹及吊索时，应符合本规范第 5.6 节、第 5.7 节中的有关规定；

（4）吊运物体时，作业人员不得沿主缆顶面行走；

（5）猫道上摆放索夹的位置处应铺设木板；

（6）缆索吊吊装索夹、吊索时，运行速度应平稳，作业人员应在吊运构件到位稳定后作业；

（7）制动不良不得吊运作业。

8.14.12　加劲梁施工应符合下列规定：

（1）加劲梁安装前应制订专项施工方案，并应对桥位处的自然环境条件进行勘察，掌握当地的有关气象资料；

（2）安装加劲梁的吊机、吊索具等应进行专门设计，加劲梁吊装作业前应按各工况进行试吊，试吊荷载为最大梁段重量的 1.2 倍；

（3）钢箱加劲梁接头焊缝的施焊宜从桥面中轴线向两侧对称进行，接头焊缝强度和刚度不符合要求时，不得解除临时刚性连接；

（4）钢桁架梁吊装，桥面吊机、铰接设备、吊索牵引机具、片架运输台车、行走轨道铰点过渡梁和移动操作台车等设备应做专项设计、加工及试验。桥面吊机应满足拼装过程中顺桥向坡度变化的要求，底盘应设止滑保险装置；

（5）吊装设备应安排专人负责监测，发现吊绳松弛、油泵漏油、吊具偏位等情况应立即停止作业；

（6）吊装加劲梁，梁体上不得搭载人员、材料及设备；

（7）顶推安装钢箱梁型自锚式悬索桥加劲梁应符合本规范第 8.11.3 条、第 8.11.6 条的有关规定，顶推设备的能力不得小于 2 倍的计算顶推力；拼装平台、临时墩墩顶均应设导向及纠偏装置。

第十五节　钢桥

《公路工程施工安全技术规范》(JTG F90—2015)

8.15.1　钢桥安装应编制专项施工方案，应附具临时支架、支承、吊机等临时结构和钢桥结构本身在不同受力状态下的强度、刚度及稳定性验算结果。

8.15.2　平板拖车运输钢桥构件应符合以下规定：

(1)平板拖车速度宜小于5km/h;

(2)牵引车上应悬挂安全标志。超高的部件应有专人照看,并应配备适当工具清除障碍;

(3)除驾驶员外,还应指派1名助手,协助瞭望。平板拖车上不得坐人;

(4)重车下坡应缓慢行驶,不得紧急制动。驶至转弯或险要地段时,应降低车速,同时注意两侧行人和障碍物;

(5)装卸车应选择平坦、坚实的路面为装卸地点。装卸车时,机车、平板车均应驻车制动。

8.15.3　水上运输钢桥构件应符合下列规定:

(1)水上运输前,应根据所经水域的水深、流速、风力等情况,制订运输方案,并按规定审批;

(2)需临时封闭航道时,应按规定报相关管理部门批准,并办理相关手续;

(3)装船前应进行稳性验算;

(4)驳船装载的钢桥构件应安装平稳。拖轮牵引驳船行进速度应缓慢,不得急转弯。

8.15.4　轨道平车运输钢桥构件应符合下列规定:

(1)轨道路基宽度、平整度、强度应满足施工要求。铺设轨道应平直、圆顺,轨距应在允许误差值之内,轨道半径不得小于25m,纵坡不宜大于2%,纵坡大于2%的区域应采用相应的安全措施。轨道与其他道路交叉时,应按规定铺设交叉道口;

(2)轨道平车运输大型构件前,应检查平车的转向托盘或转盘、支撑制动器等;

(3)大型构件运输过程中应检查构件的稳定状况及轨道平车运行情况,发现异常应停止作业;

(4)下坡时应以溜绳控制速度,并应人工拖拉止轮木块跟随前进。

8.15.5　钢桥安装应设置避雷设施并应符合现行《建筑物防雷设计规范》(GB 50057)的规定。

8.15.6　起重吊装作业应符合本规范第5.6节的有关规定。

8.15.7　水上安装应符合本规范第5.8节的有关规定。

8.15.8　构件组拼和钢桥安装属于高处作业时,应符合本规范第5.7节的有关规定。

8.15.9　钢梁杆件组装,应在平整的作业台上进行,基础承载力应满足要求。

8.15.10　支架上拼装钢梁应符合下列规定:

(1)冲钉和粗制螺栓总数不得少于孔眼总数的1/3,其中冲钉不得多于2/3;

(2)冲钉和粗制螺栓总数不得少于6个,少于6个时,应将全部孔眼插入冲钉或粗制螺栓;

(3)采取悬臂或半悬臂法拼装钢梁时,联结处冲钉数量应按所承受荷载计算决定,且不得少于孔眼总数的一半,其余孔眼宜布置精制螺栓,冲钉和精制螺栓应均匀布置;

(4)高强度螺栓栓合梁拼装时,其余孔眼宜布置高强度螺栓。吊装杆件时,应在杆件完全固定后松钩卸载。

8.15.11　装拆脚手架、上紧螺栓、铆合等不得交叉作业。杆件拼装对孔应采用冲钉探孔。

8.15.12　钢梁上的各种电动机械和电缆线、照明线路等,应保持绝缘良好。

8.15.13　拼装杆件时,应安好梯子、溜绳、脚手架。斜杆应安栓保险吊具。杆件起吊时,应先试吊。

8.15.14　架梁用的扳手、小工具、冲钉及螺栓等应存放在工具袋内,不得抛掷。多余的料具应及时清理。

8.15.15　悬臂拼装法施工应符合下列规定:

(1)吊机应按设计就位、锚固,并应做动、静荷载试验;

(2)构件起吊前,应检查构件,吊环应无损伤,结合面不得有突出外露物,构件上不得有浮置物件;

(3)构件应垂直起吊,并应保持平衡稳定,不得碰撞已安装构件和其他作业设施;

（4）构件起升后,运送构件的车辆或船舶应迅速撤出;

（5）卷扬机电机过热或其他机械设备出现故障时,应暂停吊运作业。

8.15.16　钢桥顶推施工应符合本规范第 8.11.6 条的有关规定。

8.15.17　钢桥现场检验检测涉及高处作业时应符合本规范第 5.7 节的有关规定。

8.15.18　钢桥的 X 射线探伤作业应符合现行《工业 X 射线探伤放射卫生防护标准》(GBZ 117)的规定。

第十六节　桥面及附属工程

《公路工程施工安全技术规范》(JTG F90—2015)

8.16.1　桥面系施工前,上下行桥之间空隙处应满布安全网。

8.16.2　反开槽安装的伸缩装置槽口应临时铺设钢板或砂袋,并应在开槽处设置警示标志。

8.16.3　桥面清扫垃圾、冲洗弃渣等应集中收集后运往指定地点,不得直接抛往桥下。

8.16.4　混凝土防撞护栏的施工应符合下列规定:

（1）装配式梁式桥防撞护栏施工前,边梁应与中梁连接牢固。

（2）单柱墩桥梁防撞护栏应两侧对称施工。

第十七节　涵洞与通道

《公路工程施工安全技术规范》(JTG F90—2015)

8.17.1　顶进法施工涵洞或通道桥涵应编制专项施工方案。

8.17.2　涵洞基坑和顶进工作坑开挖应符合本规范第 8.8 节的有关规定。

8.17.3　现场浇筑涵洞或通道桥涵时,支架、模板应安装牢固,应符合本规范第 5.2 节的有关规定。

8.17.4　顶进前应编制公路中断和抢修预案,并应配备抢修人员和物资。

8.17.5 雨季不宜顶进作业,无法避开时,应采取防洪、排水措施。

8.17.6 顶进作业时,地下水应降至涵洞或通道桥涵基础底面 1m 以下,且降水作业应控制土体沉降。

8.17.7 顶进前,应注浆加固易坍塌土体,并应通过现场试验确定注浆参数,注浆时土体不得隆起。

8.17.8 传力柱支承面应密贴,方向应与顶力轴线一致。宜 4~8m 加一道横梁,应采用填土压重等防止传力柱崩出伤人的措施,传力柱上方不得站人。顶进时应安排专人密切观察传力柱的变化,有拱起、弯曲等变形时,应立即停止顶进,进行调整。

8.17.9 顶入路基后,宜连续顶进。

8.17.10 顶进挖土时,应派专人监护。发现异常情况时,作业人员及机械应立即撤离危险区域,并应视情况采取交通安全保障措施。

8.17.11 顶进挖土作业应坚持"勤挖快顶"的原则。不得掏洞取土、逆坡挖土。顶进暂停期内不得挖土。

8.17.12 挖土机械不得碰撞加固设施和桥涵主体结构。人工清理开挖工作面时,挖土机械应退出开挖面。

8.17.13 支点桩不得爆破拆除。

第十九章 隧道工程

第一节 一般规定

《隧道施工安全九条规定》(安监总管二〔2014〕104 号)

(1)必须证照齐全,严禁无资质施工、转包、违法分包和人员不经教育培训上岗作业;

(2)必须按照标准规范和设计要求编制专项施工方案,确保按方案组织实施,严禁擅自改变施工方法;

(3)必须强化施工工序和现场管理,确保支(防)护到位,严禁支护滞后

和安全步距超标;

(4)必须落实超前水文地质探测预报各项规定,监控量(探)测数据超标立即停工撤人,严禁冒险施工作业;

(5)必须对有毒有害气体进行监测监控,加强通风管理,严禁浓度超标施工作业;

(6)必须严格控制现场作业人数,掘进作业面应实施机械化作业,严禁超员组织施工作业;

(7)必须按照规定设置逃生通道,严禁在安全设施不到位的情况下施工作业;

(8)必须按照规定严格民用爆炸物品管理,严禁在施工现场违规运输、存放和使用民用爆炸物品;

(9)必须按照规定制订应急预案、配备救援装备,严禁事故发生后违章指挥、冒险施救。

《公路工程施工安全技术规范》(JTG F90—2015)

9.1.1 隧道施工前应开展安全风险评估,辨识施工过程中的主要危险源及危害因素,制定安全防护措施,并应根据工程建设条件、技术复杂程度、地质与环境条件、施工管理模式,以及工程建设经验对隧道工程实施动态风险控制和跟踪处理。

9.1.2 隧道施工应按设计文件规定的施工方法制订施工方案,地质条件发生变化时,应及时进行设计变更。

9.1.4 施工现场布设应符合下列规定:

(1)临时设施的设置除应符合本规范第4.1节的有关规定外,尚应避开高边坡、陡峭山体下方、深沟、河流、池塘边缘等区域;

(2)弃渣场地应设置在不易溃塌、不产生滑坡的安全地段,不得堵塞河流、泄洪通道;

(3)隧道内供风、供水、供气管线与供电线路应分别架设,照明和动力线路应分层架设;

(4)供电线路架设应遵循"高压在上、低压在下,干线在上、支线在下,动力线在上、照明线在下"的原则。110V以下线路距地面不得小于2m,380V

线路距地面不得小于 2.5m,6～10kV 线路距地面不得小于 3.5m。

9.1.5　隧道洞口管理应符合下列规定：

(1)隧道洞口应设专人负责进出人员登记及材料、设备与爆破器材进出隧道记录和安全监控等工作；

(2)隧道施工应建立洞内外通信联络系统；

(3)长、特长及高风险隧道施工应设置稳定可靠的视频监控系统、安全预警系统、隧道通信系统、应急逃生路线灯视引导系统、门禁系统和人员识别定位系统。

9.1.6　隧道洞口与桥梁、路基等同一个工点有多个单位同时施工或洞内不同专业交叉作业时，应共同制定现场安全措施。

9.1.7　隧道内施工不得使用以汽油为动力的机械设备。

9.1.8　通风机、抽水机等隧道安全设备应配备备用设备。

9.1.9　隧道内作业台车、台架应满足施工安全要求,高处作业安全防护设施应符合本规范第5.7节的有关规定。

9.1.10　隧道洞口、开关箱、配电箱、台车、台架、仰拱开挖等危险区域应设置明显的警示标志。洞内施工设备均应设反光标识。

9.1.11　隧道内应按要求配备消防器材。

9.1.12　应根据危险源辨识情况编制隧道坍塌、突水突泥、触电、火灾、爆炸、窒息、有害气体等应急预案并应配备相应的应急资源。

9.1.13　高压富水隧道钻孔作业应采取防突水、突泥冲出的反推或拴锚等措施。

9.1.14　不良地质隧道地段应遵循"早预报、预加固、弱爆破、短进尺、强支护、早封闭、勤量测、快衬砌"的原则施工。

9.1.15　超前地质预报和监测方案应作为必要工序统一纳入施工组织管理。

9.1.16　施工隧道内不得明火取暖。

9.1.17　隧道内严禁存放汽油、柴油、煤油、变压器油、雷管、炸药等易燃易爆物品。

第二节　洞口与明洞

《公路工程施工安全技术规范》(JTG F90—2015)

9.2.1　洞口施工前,应先清理洞口上方及侧方可能滑塌的表土、灌木及山坡危石等。

9.2.2　洞口的截、排水系统应在进洞前完成,并应与路基排水顺接,不得冲刷路基坡面、桥台锥体、农田屋舍,土质截水沟、排水沟应随挖随砌。

9.2.3　石质边、仰坡应采用预留光爆层法或预裂爆破法,不得采用深眼大爆破或集中药包爆破开挖。

9.2.4　洞口边、仰坡坡面防护应符合要求,洞口施工应监测边、仰坡变形。

9.2.5　洞口开挖应先支护后开挖、自上而下分层开挖、分层支护。不得掏底开挖或上下重叠开挖。陡峭、高边坡的洞口应根据设计和现场需要设安全棚、防护栏杆或安全网,危险段应采取加固措施。洞口工程应及早完成。

9.2.6　洞口附近存在建(构)筑物且使用爆破掘进的,应采用控制爆破技术,并应监测振动波速及建(构)筑物的沉降和位移。

9.2.7　洞口施工应采取措施保护周围建(构)筑物、既有线、洞口附近交通道路。

9.2.8　洞口开挖宜避开雨季、融雪期及严寒季节。

9.2.9　明洞施工应符合下列规定:

(1)明洞开挖前,洞顶及四周应设防水、排水设施;

(2)明洞应自上而下开挖。石质地段开挖应控制爆破炸药用量,开挖后应立即施作边坡防护;

(3)开挖松软地层边、仰坡应随挖随支护;

(4)衬砌强度未达到设计的70%、防水层未完成时,不得回填;

(5)明洞槽不宜在雨天开挖。

《公路隧道施工技术规范》(JTG F60—2009)

5.1.1　洞口开挖和进洞施工宜避开雨期、融雪期及严寒季节。

5.1.4　洞口边坡及边仰坡应自上而下开挖,不得掏底开挖或上下重叠开挖。洞口有邻近建(构)筑物时,应采取微震动控制爆破。当地质条件不良时,应采取稳定边坡和仰坡的措施。

5.1.7　隧道排水应与洞外排水系统合理连接,不得侵蚀软化隧道和明洞基础,不得冲刷路基坡面及桥涵锥坡等设施。

5.1.8　应对地表沉降和拱顶下沉进行监控量测,并适当增加量测频率。

《公路隧道施工技术细则》(JTG/T F60—2009)

5.1.3　洞口土石方的开挖与防护施工应符合下列规定:

(1)洞口边坡、仰坡的开挖应减少对岩土体的扰动,严禁采用大爆破;

(2)对边坡和仰坡以上可能滑塌的表土、灌木及山坡危石等的处理措施,应结合施工和运营阶段的隧道安全和环境保护等因素确定;

(3)临时防护应视地质条件、施工季节和施工方法等,及时采取喷锚等措施。

第三节　开挖

《公路工程施工安全技术规范》(JTG F90—2015)

9.3.1　长度小于300m的隧道,起爆站应设在洞口侧面50m以外;其余隧道洞内起爆站距爆破位置不得小于300m。

9.3.2　装药、起爆、通风、盲残炮处置等应符合现行《爆破安全规程》(GB 6722)的有关规定。

9.3.3　爆破后应按先机械后人工的顺序找顶,并应安全确认。

9.3.4　机械开挖应根据断面和作业环境选择机型、划定安全作业区域,并应设置警示标志。

9.3.5　人工开挖应设专人指挥,作业人员应保持安全操作距离。

9.3.6　两座平行隧道开挖,同向开挖工作面纵向距离应根据两隧道间距、围岩情况确定,且不宜小于2倍洞径。

9.3.7　隧道双向开挖面间相距 15～30m 时,应改为单向开挖。停挖端的作业人员和机具应撤离。土质或软弱围岩隧道应加大预留贯通的安全距离。

9.3.8　涌水段开挖宜采用超前钻孔探水,查清含水层厚度、岩性、水量与水压。

9.3.9　全断面法施工应符合下列要求:

(1)应控制一次同时起爆的炸药量;

(2)地质条件较差地段应对围岩进行超前支护或预加固。

9.3.10　台阶法和环形开挖预留核心土法施工,除应符合现行《公路隧道施工技术规范》(JTG F60)的有关规定外,尚应符合下列规定:

(1)围岩较差、开挖工作面不稳定时,应采用短进尺、上下台阶错开开挖或预留核心土措施,宜采用喷射混凝土、注浆等措施加固开挖工作面;

(2)应根据围岩条件和初期支护钢架间距确定台阶上部开挖循环进尺,上台阶每循环开挖支护进尺 Ⅴ、Ⅵ级围岩不应大于 1 榀钢架间距,Ⅳ级围岩不得大于 2 榀钢架间距;

(3)围岩较差、变形较大的隧道,上部断面开挖后应立即采取控制围岩及初期支护变形量的措施;

(4)台阶下部断面一次开挖长度应与上部断面相同,且不得超过 1.5m;

(5)台阶下部开挖后应及时喷射混凝土封闭。

9.3.11　中隔壁法施工应符合现行《公路隧道施工技术规范》(JTG F60)的有关规定,且同侧上、下层开挖工作面应保持 3～5m 距离。

9.3.12　双侧壁导坑法施工应符合下列规定:

(1)及时施工初期支护并尽早封闭成环;

(2)侧壁导坑形状应近似于椭圆形断面;

(3)导坑跨度宜为隧道跨度的三分之一;

(4)左右导坑前后距离不宜小于 15m;

(5)导坑与中间土体同时施工时,导坑应超前 30～50m。

9.3.13　仰拱开挖施工应符合下列规定:

(1)Ⅳ级及以上围岩仰拱每循环开挖长度不得大于 3m,不得分幅施作;

（2）仰拱与掌子面的距离，Ⅲ级围岩不得超过 90m，Ⅳ级围岩不得超过 50m，Ⅴ级及以上围岩不得超过 40m；

（3）底板欠挖硬岩应采用人工钻眼松动、弱爆破方式开挖；

（4）开挖后应立即施作初期支护；

（5）栈桥等架空设施强度、刚度和稳定性应满足施工要求；栈桥基础应稳固；桥面应做防侧滑处理；两侧应设限速警示标志，车辆通过速度不得超过 5km/h。

第四节　装渣与运输

《公路工程施工安全技术规范》(JTG F90—2015)

9.4.1　装渣与运输应符合现行《公路隧道施工技术规范》(JTG F60)的有关规定。

9.4.2　运渣车辆应状态完好、制动有效，不得载人，不得超载、超宽、超高运输。

9.4.3　装渣、卸渣及运输作业场地的照明应满足作业人员安全的需要，隧道内停电或无照明时，不得作业。

9.4.4　长、特长隧道施工有轨运输应配备载人列车，并设专人操作。

9.4.5　无轨运输应设置会车场所、转向场所及行人的安全通路。

9.4.6　运输车辆、机械应安装示警灯，操作人员应持证上岗。

9.4.7　运输车辆在洞内施工地段的正常行车速度不得超过 10km/h，非作业地段和成洞地段不得超过 20km/h；作业地段有牵引或会车时不得超过 5km/h；在非作业地段有牵引时的速度不得超过 15km/h，会车不得超过 10km/h。

9.4.8　运输道路应平整、无积水。

第五节　支护

《公路工程施工安全技术规范》(JTG F90—2015)

9.5.1　围岩自稳程度差的地段应先进行超前支护、预加固处理，并应符合设计要求。

9.5.2　应随时观察支护各部位,支护变形或损坏时,作业人员应及时撤离现场。

9.5.3　喷射混凝土、锚杆、钢筋网、超前小导管、管棚支护施工应符合现行《公路隧道施工技术规范》(JTG F60)的有关规定。焊接作业区域内不得有易燃易爆物品,下方不得有人员站立或通行。

9.5.4　钢架施工除应符合现行《公路隧道施工技术规范》(JTG F60)的有关规定外,尚应符合下列规定:

(1)钢架底脚基础应坚实、牢固;

(2)相邻的钢架应连接成整体;

(3)已安装的钢架发生扭曲变形时,应及时逐榀更换,不得同时更换相邻的钢架;

(4)下部开挖后,钢架应及时接长、落底,钢架底脚不得左右同时开挖;

(5)拱脚开挖后应立即安装拱架、施作锁脚锚杆,锁脚锚杆数量、长度、角度应符合设计要求;

(6)拱脚不得脱空,不得有积水浸泡;

(7)临时钢架支护应在隧道钢架支撑封闭成环并满足设计要求后拆除。

第六节　衬砌

《公路工程施工安全技术规范》(JTG F90—2015)

9.6.1　软弱围岩及不良地质隧道的二次衬砌应及时施作,二次衬砌距掌子面的距离Ⅳ级围岩不得大于90m,Ⅴ级及以上围岩不得大于70m。

9.6.2　隧道内不得加工钢筋。

9.6.3　衬砌钢筋安装应设临时支撑,临时支撑应牢固可靠并有醒目的安全警示标志。

9.6.4　钢筋焊接作业在防水板一侧应设阻燃挡板。

9.6.5　衬砌台车应经专项设计,衬砌台车、台架组装调试完成应组织验收,并应试行走,日常使用应按规定维护保养。

9.6.6 拱架、墙架和模板拆除应符合现行《公路隧道施工技术规范》(JTG F60)的有关规定。

9.6.7 仰拱应分段一次整幅浇筑,并应根据围岩情况严格限制分段长度。

第七节 辅助坑道

《公路工程施工安全技术规范》(JTG F90—2015)

9.7.1 横洞、平行导坑施工应符合现行《公路隧道施工技术规范》(JTG F60)的有关规定。平行导坑宜采用单车道断面,间隔200m左右应设置一处错车道。错车道的有效长度宜为1.5倍施工车辆的长度。

9.7.2 开挖前应妥善规划并完成斜井、竖井井口周边的截水、排水系统和防冲刷设施,斜井洞门、竖井锁口圈应及早施作。

9.7.3 开挖前应检查斜井、竖井与正洞连接处的围岩稳定情况,应根据检查结果确定并实施超前预加固措施。开挖后,应及时支护和监控量测。

9.7.4 斜井施工应符合下列规定:

(1)无轨运输斜井内运输道路应硬化,并采取防滑措施;长隧道斜井无轨运输道路综合纵坡不得大于10%;单车道的斜井,每隔一定距离应设置错车道,其长度应满足安全行车要求。

(2)无轨运输进洞载物车辆车速不得大于8km/h,空车车速不得大于15km/h;出洞爬坡车速不得大于20km/h。

(3)有轨运输井口应设置挡车器,并设专人管理;在挡车器下方约5~10m及接近井底前10m处应各设一道防溜车装置;长斜井每隔100m应分别设置防溜车装置,井底与通道连接处,应设置安全索;车辆行驶时,井内禁止人员通行与作业。

(4)有轨运输井身每30~50m应设置躲避洞,井底停车场应设避车洞,井底附近的固定设备应置于专用洞室。

(5)斜井口、井下及提升绞车应有联络信号装置。每次提升、下放与停留应有明确的信号规定。

（6）斜井中牵引运输速度不得大于 5m/s,接近洞口与井底时不得大于 2m/s,升降加速度不得大于 0.5m/s^2。

（7）斜井提升设备应按规定装设符合要求的防止过卷装置、防止过速装置、限速器、深度指示器、警铃、常用闸和保险闸等保险装置。

（8）斜井提升、连接装置和钢丝绳应符合安全使用的要求,并应定期检查。

（9）人员不得乘斗车上下;当斜井垂直深度超过 50m 时,应有运送人员的专用设施。

（10）运送人员的车辆应设顶盖,并装有可靠的防坠器;车辆中应装有向卷扬机司机发送紧急信号的装置。

9.7.5　竖井施工应符合现行《公路隧道施工技术规范》(JTG F60)的有关规定,提升机、罐笼、绞车应符合现行《矿井提升机和矿用提升绞车安全要求》(GB 20181)和《罐笼安全技术要求》(GB 16542)的有关规定,尚应符合下列规定:

（1）井口应配置井盖,除升降人员和物料进出外,井盖不得打开。井口应设防雨设施,通向井口的轨道应设挡车器,井口周围应设防护栏杆和安全门,防护栏杆的高度不得小于 1.2m;

（2）竖井井架应安装避雷装置;

（3）竖井吊桶、罐笼升降作业应制订操作规程,并严格执行;

（4）每次爆破后,应有专人清除危石和掉落在井圈上的石渣,并检查初期支护和临时支撑,清理完后方可正常工作。当工作面附件或未衬砌地段发现落石、支撑发响、大量涌水时,作业人员应立即撤出井外,并报告处理。

第八节　防水和排水

《公路工程施工安全技术规范》(JTG F90—2015)

9.8.1　隧道防水板施工作业台架应设置消防器材及防火安全警示标志,并应设专人负责。照明灯具与防水板间距离不得小于 0.5m,不得烘烤防水板。

9.8.2 隧道排水作业应符合下列规定：

(1)隧道内反坡排水方案应根据距离、坡度、水量和设备情况确定。抽水机排水能力应大于排水量的20%，并应有备用台数；

(2)隧道内顺坡排水沟断面应满足隧道排水需要；

(3)膨胀岩、土质地层、围岩松软地段应铺砌水沟或用管槽排水；

(4)遇渗漏水面积或水量突然增加，应立即停止施工，人员撤至安全地点。

9.8.3 斜井及竖井排水应符合下列规定：

(1)斜井应边掘进边排水；涌水量较大地段应分段截排水；

(2)竖井、斜井的井底应设置排水泵站；排水泵站应设在铺设排水管的井身附近，并应与主变电所毗邻；泵站应留有增加水泵的余地；

(3)水箱、集水坑处应挂设警示牌标识，并对设备进行挡护。

第九节 通风、防尘及防有害气体

《公路工程施工安全技术规范》(JTG F90—2015)

9.9.1 施工通风应符合下列规定：

(1)隧道施工独头掘进长度超过150m时应采用机械通风；通风方式应根据隧道长度、断面大小、施工方法、设备条件等确定，主风流的风量不能满足隧道掘进要求时，应设置局部通风系统；

(2)隧道施工通风应纳入工序管理，由专人负责；

(3)隧道施工通风应能提供洞内各项作业所需要的最小风量，风速不得大于6m/s；每人供应新鲜空气不得小于$3m^3/min$，内燃机械作业供风量不宜小于$4.5m^3/(min \cdot kW)$；全断面开挖时风速不得小于0.15m/s，导洞内不得小于0.25m/s；

(4)长及特长隧道施工应配备备用通风机和备用电源；

(5)通风机应装有保险装置，发生故障时应自动停机；

(6)通风管沿线应每50～100m设立警示标志或色灯；

(7)通风管安装作业台架应稳定牢固,并应经验收合格;

(8)主风机间歇时,受影响的工作面应停止工作。

9.9.2　防尘、防有害气体应符合下列规定:

(1)作业过程中,空气中的氧气含量不得低于19.5%;不得用纯氧通风换气;

(2)空气中的一氧化碳(CO)、二氧化碳(CO_2)、氮氧化物(NO_X)等有害气体浓度不得超过表9.9.2-1(略)中的容许值;

(3)空气中粉尘浓度应符合表9.9.2-2(略)的规定;

(4)隧道施工应采用综合防尘措施,并应配备专用检测设备及仪器。隧道内存在矽尘的作业场所,每月应至少取样分析空气成分一次、测定粉尘浓度一次;

(5)隧道作业人员应配备防尘口罩、耳塞等个人劳动保护用品,并应定期体检。

第十节　风、水、电供应

《公路工程施工安全技术规范》(JTG F90—2015)

9.10.1　施工供风应符合下列规定:

(1)空气压缩机站应设有防水、降温和防雷击设施;

(2)供风管的材质及耐风压等级应满足相应要求,供风管不得有裂纹、创伤和凹陷,管内不得留有残余物和其他脏物;

(3)供风管应铺设平顺、接头严密,软管与钢风管的连接应牢固,风管应在空压机停机或关闭闸阀后拆卸;

(4)不得在空压机风管进出口和软管旁停留人员或放置物品。

9.10.2　施工供水的蓄水池应设防渗漏措施和安全防护措施,且不得设于隧道正上方。

9.10.3　施工供电与照明必须符合下列规定:

(1)非瓦斯隧道施工供电应符合本规范第4.4节规定;

(2)瓦斯隧道供电照明应符合现行《煤矿安全规程》的有关规定;

(3)隧道外变电站应设置防雷击和防风装置;

(4)隧道内设置 6～10kV 变电站时,变压器与周围及上下洞壁的最小距离不得小于 0.3m,变电站周围应设防护栏杆及警示灯;

(5)成洞地段固定的电线路应采用绝缘良好的胶皮线架设,施工地段的临时电线路应采用橡套电缆。竖井、斜井地段应采用铠装电缆,瓦斯地段输电线应使用密封电缆;

(6)涌水隧道电动排水设备、瓦斯隧道通风设备以及斜井、竖井内电气装置应采用双回路输电,并应设可靠的切换装置和防爆措施;

(7)动力干线上的每一分支线,必须装设开关及保险装置。严禁在动力线路上加挂照明设施;

(8)隧道施工用电必须按设计要求设置双电源或自备电源。自备发电机组与外电线路必须电源联锁,严禁并列运行;

(9)隧道内照明灯光应保证亮度充足、均匀及不闪烁,采用普通灯光照明时,其照度应符合现行《公路隧道施工技术细则》(JTG/T F60)的有关规定;

(10)作业地段照明电压不宜大于 36V,成洞段和不作业地段宜采用220V,照明灯具宜采用冷光源;

(11)漏水地段应采用防水灯具,瓦斯地段应采用防爆灯具;

(12)隧道内用电线路和照明设备应设专人负责检查和维护,检修电路与照明设备应切断电源。

《公路水运工程施工安全标准化指南》(部工程质量监督局编写)10.6.3隧道临时用电保护:

(1)短隧道宜采用高压至洞口,再低压进洞,长隧道及特长隧道可考虑高压进洞,以满足施工需求;

(2)隧道施工供电应采用三相五线供电系统;动力设备应采用三相380V;照明电压一般作业地段不应大于 36V,成洞段和不作业地段可采用220V,瓦斯地段不超过 110V,手提作业灯为 12～24V,特别潮湿,导电良好的地面及金属容器内照明电压不得大于 12V。高压分线部位应设明显危险警告标志;所有配电箱和开关应全部标明责任人和用途;

（3）供电线路架设一般要求高压线、动力线和照明线分开，根据"高压在上、低压在下，干线在上、支线在下，动力线在上、照明线在下"的原则布设。照明和动力线路安装在同一侧时，必须分层架设，隧道内电缆布设采用瓷瓶在二衬上悬挑，瓷瓶间距 15m。电缆悬挂满足：110V 以下电线离地面距离不小于 2m；动力线 380V 时离地面距离大于等于 2.5m；高压电缆 6～10kV 时离地面距离大于等于 3.5m；

（4）施工期间"三管两线"应架设、安装、顺直、整齐；

（5）洞外变电站设置防雷击和防风装置，且宜设在靠近负电荷集中地点和设在电源来线一侧；当变电站电源线需跨越施工地区时，其最低点距人行道和运输线路的最小高度满足；电压 35kV 时，为 7.5m，电压 6～10kV 时，为 6.5m，电压 400V 时，为 6m；

（6）隧道内台架、衬砌台车安装行灯变压器，使用不高于 36V 安全电压作为照明，电源设置红色警示灯提醒过往行走机械。开挖台架及衬砌台车在行走时必须由专人指挥、专人收放电缆，防止电缆线被压断和强制拉断而引起的安全事故，隧道内架设电缆、电线要求平顺，接头不外露，若在漏水处必须设置遮防水措施；

（7）成洞地段固定的电线路，应采用绝缘良好的胶皮线架设；施工地段的临时电线路应采用橡套电缆；瓦斯地段的输电线必须使用密封电缆，不得使用皮线；涌水隧道的电动排水设备应采用双回路输电，并有可靠的切换装置；动力干线上每一分支线，必须装设开关及保险装置；严禁在动力线路上加挂照明设施。

10.6.4　防雷

（1）在土壤电阻率低于 2000Ω·m 区域的电杆可不另设防雷接地装置，但在配电室的架空进线或出线处应将绝缘子铁脚与配电室的接地装置相连接。

（2）施工现场内的起重机、井字架、龙门架等机械设备，以及钢脚手架和正在施工的在建工程等的金属结构，当在相邻建筑物、构筑物等设施的防雷装置接闪器的保护范围以外时，应按表 10.6.4 规定安装防雷装置。

表 10.6.4   施工现场内机械设备及高架设施需安装防雷装置的规定

地区年平均雷暴日（d）	机械设备高度（m）	地区年平均雷暴日（d）	机械设备高度（m）
≤15	≥50	≥40 及＜90	≥20
＞15 及＜40	≥32	≥90 及雷害特别严重地区	≥12

（3）当最高机械设备上避雷针（接闪器）的保护范围能覆盖其他设备，且又最后退出现场，则其他设备可不设防雷装置。

（4）机械设备或设施的防雷引下线可利用该设备或设施的金属结构体，但应保证电气连接。

（5）机械设备上的避雷针（接闪器）长度应为 1～2m。塔式起重机可不另设避雷针（接闪器）。

（6）装有避雷针（接闪器的机械设备，所有动力、控制、照明、信号及交通信线路，宜采用钢管敷设。钢管与该机械设备的金属结构体应做电气连接。

（7）施工现场内所有防雷装置的冲击接地电阻值不得大于 30Ω。

（8）防雷接地机械上的电气设备，所连接的 PE 线必须同时做重复接地，同一台机械电气设备的重复接地和机械的防雷接地可共用同一接地体，但接地电阻应符合重复接地电阻值的要求。

10.6.5   自备电机组发电

（1）发电机组及其控制、配电、修理室等可分开设置；在保证电气安全距离和满足防火要求情况下可合并设置。

（2）发电机组的排烟管道必须伸出室外。发电机组及其控制、配电室内必须配置可用于扑灭电气火灾的灭火器，严禁存放油桶。

（3）发电机组电源必须与外电线路电源连锁，严禁并列运行。

（4）发电机组应采用电源中性点直接接地的三相四线制供电系统和独立设置 TN-S 接零保护系统，其工作接地电阻值应符合：

①单台容量大于 100kVA，工作接地电阻不得大于 4Ω；

②单台容量不超过 100kVA，工作接地电阻值不得大于 10Ω；

③土壤电阻率大于 1000Ω·m 区域，工作接地电阻值可提高至 30Ω。

（5）发动机供电系统应设置电源隔离开关及短路、过载、漏电保护器。电源隔离开关分断时应有明显可见分断点。

（6）发电机组并列运行时，必须装设同期装置，并列机组同步运行后再向负载供电。

第十一节　不良地质和特殊岩土地段

一、富水软弱破碎围岩

《公路工程施工安全技术规范》(JTG F90—2015)

9.11.1　富水软弱破碎围岩隧道施工应符合下列规定：

（1）施工过程应加强对隧道围岩和支护结构变形、地下水变化的监测，并应依据监测结论动态调整设计和施工参数；

（2）应严格控制开挖循环进尺，初期支护应及时施作；

（3）应遵循"防、排、堵、截"相结合的原则治水；

（4）施工中出现浑水、突水突泥、顶钻、高压喷水、出水量突然增大、坍塌等突发性异常情况，应立即停止施工、分析异常原因，并应妥善处理。

16.8.1　富水软弱破碎围岩隧道开挖应符合下列规定：

（1）应提前了解开挖面前方的地质、地下水情况；

（2）可排水施工的隧道段，采用超前钻孔排水；

（3）不宜排水施工的隧道地段，应按设计采取堵水措施；

（4）开挖每一循环进尺宜为 0.5～1.0m。

16.8.2　富水软弱破碎围岩施工应根据支护位移量测结果，及时调整支护参数。

16.8.3　富水软弱破碎围岩隧道防排水系统施工应符合下列规定：

（1）衬砌混凝土应按设计要求的防水等级施工，施工缝、变形缝应作防水处理；

（2）铺设防水板前应完成设计要求的止水注浆，严禁在已铺设防水板范围内压浆。

16.8.4　富水软弱破碎围岩隧道衬砌施工应符合下列规定：

(1)仰拱应超前施工,尽快与支护构成封闭结构;

(2)二次衬砌应根据监控量测结果确定施工时间,全断面浇筑;

(3)整体式衬砌施工应紧跟开挖工序,及时封闭。

15.8.1 富水软弱破碎围岩隧道开挖应符合下列规定:

(1)采用超前地质钻探或其他探测手段,提前了解开挖面前方的地质、地下水情况,就排水与堵水进行技术、经济、环境保护等多方面比较后,确定治水、防塌的措施;

(2)超前钻孔排水宜保持 10～20m 的超前距离;当涌水量特别大时,可采用超前适当距离的导坑排水;

(3)隧道埋深在 20m 以内可采用地表注浆堵水措施。隧道埋深超过 20m 时应采用工作面预注浆堵水措施;

(4)宜采用中隔壁法、交叉中隔壁法或双侧壁导坑法,循环进尺宜为 0.5 ～1.0m。

15.8.2 富水软弱破碎围岩隧道支护宜采用超前小导管注浆、管棚、钢架、钢筋网、喷射混凝土等多种支护手段构成强支护体系。

15.8.3 富水软弱破碎围岩隧道防排水系统施工除满足一般规定外,还应符合下列规定:

(1)防水层铺设应平顺,并密贴喷射混凝土基面;

(2)排水盲管安装前应对岩面进行整平,纵、横向排水管应在衬砌施工前完成,基底应清理干净,确保排水顺畅。

二、岩溶

《公路工程施工安全技术规范》(JTG F 90—2015)

9.11.2 岩溶地质隧道施工应符合下列规定:

(1)应先开展地质调查,并根据综合地质预报对溶洞里程、影响范围、规模、类型、发育程度和填充物、储水及补给情况、岩层稳定程度以及与隧道的相对位置等做出预测分析,制定防范措施;

(2)应遵循"因地制宜、综合治理"的原则施工;

(3)隧道溶洞与地表水存在水力联系时,宜在旱季进行溶洞处理和隧道施工；

（4）岩溶段爆破开挖应严格控制单段起爆药量和总装药量，控制爆破震动；

（5）应备用足够数量的排水设备。

三、含沙层

《公路工程施工安全技术规范》（JTG F 90—2015）

9.11.3　含水沙层和风积沙隧道施工应符合下列规定：

（1）含水沙地段开挖应遵循"先治水、后开挖"的原则，风积沙地段开挖应遵循"先加固、后开挖"的原则；遵循进尺应严格控制，并应加强监控量测；

（2）开挖完成后应及时支护、尽早衬砌、封闭成环，施工过程中应遇缝必堵，严防沙粒从支护缝隙中漏出。

四、黄土

《公路公程施工安全技术规范》（JTG F 90—2015）

9.11.4　黄土隧道施工应符合下列规定：

（1）施工前应验证黄土的年代、成因、含水率、强度、压缩性、孔隙率、抗水性等情况，掌握详细的地质信息；

（2）进洞前，洞口的防排水系统应施作完毕。应采取回填夯实、填土反压、改变地表水径流等方法处理地表和浅埋段的冲沟、陷穴、裂缝；

（3）宜在旱季开挖洞口，雨季施工应采取控制措施；

（4）含水率较大的地层应及时排水，不得浸泡墙脚、拱脚；

（5）施工中应密切观察垂直节理；

（6）施工中应密切监测拱脚下沉情况。

五、膨胀岩土

《公路工程施工安全技术规范》（JTG F 90—2015）

9.11.5　膨胀岩土地质隧道施工应符合下列规定：

（1）施工前应查明膨胀岩土岩性、规模、各向异性程度、吸水性、围岩强度比、水文地质、膨胀机理等情况，选择合适的施工方法和预控措施；

（2）除常规监测项目外，尚应加强监测围岩净空位移、围岩压力，并应根据监测结果及时调整预留变形量和支护参数；

（3）应控制开挖循环进尺，逐次开挖断面各分部，分部开挖不得超前独进；

（4）隧道开挖断面轮廓应圆顺；

（5）隧道开挖后应尽快初喷混凝土封闭岩面，并应控制施工用水，加强施工用水管理，岩面不得受水浸泡。

六、岩爆

《公路工程施工安全技术规范》（JTG F 90—2015）

9.11.6　岩爆地质隧道施工应符合下列规定：

（1）施工中应加强围岩特性、岩爆强度等级、水文地质情况等的预报、预测和分析；

（2）宜在围岩内部应力释放后采用短进尺开挖，每循环进尺宜为 1.0～2.0m，光面爆破的开挖面周壁宜圆顺；

（3）拱部及边墙应布设预防岩爆锚杆，施工机械重要部位应加装防护钢板；

（4）每循环内对暴露的岩面应加大监测及找顶频次；

（5）施工过程中应密切观察岩面剥落、监听岩体内部声响情况，出现岩爆迹象，作业人员应及时撤离。

16.7.1　隧道施工有可能发生岩爆时，应遵循"以防为主、防治结合"的原则。事前应进行岩爆的预测预报，针对开挖面前方可能发生的岩爆，及时采取施工对策；事后应仔细研究岩爆规律，制订出后续施工的对策并逐步改进。

16.7.2　岩爆隧道施工应采取防范岩爆发生措施，并符合下列规定：

（1）开挖宜短进尺循环，每循环进尺宜控制在 1.0～2.0m 以内；

（2）采用光面爆破技术，隧道开挖断面周壁宜圆顺；

（3）对岩爆强烈的开挖面，按设计施工超前锚杆锁定前方围岩；

（4）拱部及边墙按设计布置预防岩爆锚杆。

16.7.3　隧道施工中发生岩爆时，应立即采取下列措施：

（1）停机待避；

（2）每循环内对暴露的岩面找顶 2～3 次；

（3）采用受力及时的摩擦型锚杆、喷射 50～80mm 厚的钢纤维混凝土，进行支护；

（4）台车、装渣机械、运输车辆加装防护钢板。注意避免岩爆伤及人员、砸坏施工设备，必要时人机撤至安全地段；

（5）采取技术措施释放围岩内部应力。

15.7.1 隧道开挖过程中，可采用下列方法进行岩爆预报：

（1）以超前探孔为主，辅以地震波法、电磁波法、钻速测试等手段；

（2）观察岩体表面的剥落、监听岩体内部发生的响声；

（3）采用工程类比法进行宏观预报。

15.7.2 针对不同岩爆级别的隧道段，可采用下列技术措施，促使围岩内部应力释放：

（1）微弱岩爆地段，可直接洒水浇湿开挖面；

（2）中等岩爆地段，在拱部及边墙开挖轮廓线以外 100～150mm 范围内，钻孔喷灌高压水；

（3）强烈岩爆地段，浅埋隧道宜用地表钻孔注水；深埋隧道可先贯通 15～30m^2 的小导洞，使岩层中的地应力得到部分释放，再进行隧道的开挖。

15.7.3 预防岩爆锚杆长度宜为 2m、间距 0.5～1.0m，并宜与网喷钢纤维混凝土联合使用。

15.7.4 隧道施工中发生岩爆，应注意观察工作面，并记录岩爆的位置、强度、类型、数量以及山鸣等。

七、瓦斯

《公路工程施工安全技术规范》（JTG F 90—2015）

9.11.8 含瓦斯隧道施工应符合下列规定：

（1）施工前应编制专项施工方案、超前地质预报方案、通风设计方案、瓦斯监测方案、应急预案、作业要点手册等；

（2）应建立专门机构，并设专人做好瓦斯监测、记录和报告工作，瓦斯监

测员应按照相关规定经专业机构培训,并应取得相应的从业资格;

(3)各作业面应配备瓦检仪,高瓦斯工点和瓦斯突出地段应配置高浓度瓦检仪和自动检测报警断电装置,瓦斯隧道人员聚集处应设置瓦斯自动报警仪;

(4)瓦斯检测应至少选择瓦斯压力法、综合指标法、钻屑指标法、钻孔瓦斯涌出初速度法、"R 值指标法"中的两种方法,并应相互验证;

(5)瓦斯含量低于 0.5% 时,应每 0.5~1h 检测一次;瓦斯含量高于 0.5% 时,应随时检测,发现问题立刻报告。煤与瓦斯变化异常时应加大检测频率;

(6)进入隧道施工前,应检测开挖面及附近 20m 范围内、断面变化处、导坑上部、衬砌与未衬砌交界处上部、衬砌台车内部、拱部塌穴等易积聚瓦斯部位、机电设备及开关附近 20m 范围内、岩石裂隙、溶洞、采空区、通风不良地段等部位的瓦斯浓度。隧道内瓦斯浓度限值及超限处理措施应符合表 9.11.8(略)的规定;

(7)通风设施应保持良好状态,并应配置一套备用通风装置,各工作面应独立通风;

(8)风筒、风道、风门、风墙等设施应保持封闭,施工中应设专人维修和保养,不得频繁开启风门;

(9)应配置两套电源供电,并应采用双电源线路,电源线不得分接隧道以外任何负荷;

(10)应按规定设置灭火器、消防水池、消防沙等消防设施;

(11)应采用湿式钻孔开挖,装药前、放炮前和放炮后,爆破工、班组长和瓦斯检测员应现场检查瓦斯浓度并参加爆破全过程;

(12)爆破作业应使用煤矿许用炸药和煤矿许用瞬发电雷管或煤矿许用毫秒延期电雷管,并应使用防爆型发爆器起爆;

(13)爆破母线应成短路状态,并包覆绝缘层;

(14)炮孔应使用炮泥填堵,填料应采用黏土或不燃性材料;

(15)起爆网络应由工作面向起爆站依次连接;

(16)揭煤地段施工宜采用微振动控制爆破掘进,并应根据煤层产状、厚

度范围选定石门揭煤方法,爆破后应及时喷锚支护、封闭瓦斯,仰拱、二衬应及时施工,衬砌背后应及时压浆填充空隙;

(17)铲装石渣前应浇湿石渣;

(18)开挖完成后应及时喷锚支护、封闭围岩、堵塞岩面缝隙。

9.11.9 瓦斯隧道严禁两个作业面之间串联通风。洞口20m范围内严禁明火。严禁使用黑火药或冻结、半冻结的硝化甘油类炸药,同一工作面不得使用两种不同品种的炸药。

《公路隧道施工技术规范》(JTG F60—2009)

9.11.10 高瓦斯工区和瓦斯突出工区电气设备与作业机械必须使用防爆型。

16.6.7 瓦斯隧道施工必须采取下列防爆安全措施:

(1)高瓦斯工区和瓦斯突出工区供电应配置两套电源,工区内采用双电源线路,其电源线上不得分接隧道以外的任何负荷。

(2)高瓦斯工区和瓦斯突出工区必须采用安全防爆型机电设备,非瓦斯工区和低瓦斯工区的行走机械严禁驶入高瓦斯工区和瓦斯突出工区。

(3)严禁火源进洞。任何人员进入隧道前必须在洞口外进行登记并接受检查;进入高瓦斯工区和瓦斯突出工区的作业人员必须携带个人自救器。

(4)铲装石渣前必须将石渣浇湿,防止摩擦和碰击火花。

(5)通风用的风筒、风道、风门和风墙等设施,必须保持密闭,防止漏风和松动塌落,施工中应派专人维修和保养。禁止频繁开启风门,确保风流稳定。

八、软岩大变形

《公路工程施工安全技术规范》(JTG F 90—2015)

9.11.7 软岩大变形地质隧道施工应符合下列规定:

(1)施工过程中应加强围岩岩性、地应力、水文地质、地质构造、变形机理分析,确定可能产生的变形程度与危害;

(2)施工过程中因监测拱顶下沉、周边位移、底鼓、围岩内部位移、支护结构变形等情况,并应依据监测结果及时调整支护参数和预留变形量。发现变形异常应及时处理；

(3)应严格控制循环进尺,仰拱、二衬应及时施作、封闭成环。

第十二节　特殊地段

《公路工程施工安全技术规范》(JTG F90—2015)

9.14.1　浅埋段不宜采用全断面法施工。

9.14.2　浅埋段应加强地表沉降、拱顶下沉的量测；偏压隧道应加强对围岩的监测；地面有建(构)筑物应采用控制爆破技术,并应监测爆破震动及变形。

9.14.3　浅埋段地表冲沟、陷穴、裂缝等应回填夯实、砂浆抹面,并处理地表水。

9.14.4　偏压隧道施工前,应根据土压情况对偏压段进行平衡、加固处理。

9.14.5　偏压隧道靠山一侧应加强支护,每次开挖进尺不得超过一榀钢架间距,并应及时封闭。

9.14.6　下穿隧道施工前应按照规定办理相关手续,编制保证交通安全和周围结构安全的专项施工方案。

9.14.7　下穿隧道应加强监控量测工作,及时掌握隧道拱顶、净空变化及地表沉降情况。

9.14.8　桩基托换法施工应检测托换桩、托换梁及既有建(构)筑物,并应验算沉降、应力、裂缝、变形和桩顶横向位移。

第十三节　小净距及连拱隧道

《公路工程施工安全技术规范》(JTG F90—2015)

9.15.1　地质条件不同的两孔隧道,宜先开挖地质条件较差的隧道,后开挖地质条件较好的隧道。

9.15.2　小净距隧道施工应符合下列规定:

(1)小净距隧道洞口切坡宜保留两隧道间原土体；

（2）两隧道工作面应错开施工，先行洞与后行洞掌子面错开距离应大于2倍隧道开挖宽度。应严格控制爆破震动；

（3）后行隧道应根据围岩情况先加固中岩墙，极软弱围岩段应加固两隧道相邻侧拱架基础；

（4）宜采用光面爆破技术，并应采用低威力、低爆速炸药；爆破时另一洞内作业人员也应撤离。

9.15.3 连拱隧道施工应符合下列规定：

（1）应根据中导洞探察的岩层情况确定合理的施工方案，主洞上拱部开挖应在中隔墙混凝土达到设计要求的强度后进行；

（2）中导洞不得作为爆破临空面；

（3）应在先行洞模筑衬砌混凝土达到设计要求的强度后进行后行洞的开挖和衬砌；

（4）主洞开挖时，左、右两洞开挖掌子面错开距离宜大于30m；

（5）应监测连拱隧道中隔墙的位移，并应及时对中隔墙架设水平支撑；后开挖隧道一侧的中隔墙和主洞之间的空隙宜回填密实或支撑稳固。

第十四节 附属设施工程

《公路工程施工安全技术规范》（JTG F90—2015）

9.16.1 设备洞、横通道及其他洞室施工应符合下列规定：

（1）洞室及与正洞连接地段爆破作业前，应根据围岩级别、扩挖断面大小选择合理的开挖爆破参数；

（2）安全距离以内的所有人员应撤离至安全区域；

（3）洞室的永久性防水、排水工程应与正洞一次同时完成；

（4）设备洞及横通道等处的施工宜采用喷锚支护，围岩不稳定时应增设钢架支撑。支护应紧跟开挖。与正洞连接地段，支护应予以加强。

9.16.2 装饰工程施工应符合下列规定：

（1）隧道装饰区域应设置作业区警示标志及人员、机械绕行线路标志；

（2）各类装修原材料应分类存放并设置警示标志，并配备防火、防爆消防设备;易燃、易爆等材料应设专人负责管理。

9.16.3　通风机、蓄水池、电力管线及压力管道铺设等其他附属设施施工应符合本规范第4.4节、第4.5节、第5.4节、第5.7节的有关规定。

第十五节　超前地质预报和监控量测

《公路工程施工安全技术规范》(JTG F90—2015)

9.17.1　超前地质预报和监控量测方案应根据隧道地质条件、支护参数、施工方法以及设计要求编制,主要应包括工程简介、监测目的、监测项目、监测机构、监测方法、监测仪器、测点布置、量测频率、监测管理标准等内容。复杂工程监测方案应经论证。

9.17.2　施工监测信息应及时分析、反馈,变化异常区段应加强监测,并提出相应的对策措施。

9.17.3　监测仪器、元器件及其构成的监测系统应可靠、耐久、稳定,并按要求进行相应的校对、标定和检查。

9.17.4　施工监测应建立数据记录、计算、分析、复核及审核制度,数据应准确、可靠,具有可追溯性。

9.17.5　施工期间隧道所在区域发生地震、滑坡、泥石流等不良地质灾害后,应加强监测,并提出相应对策措施。

9.17.6　超前地质预报作业应符合下列规定:

(1)地质预报工作应在隧道找顶作业结束后进行,高地应力区隧道应待工作面支护完成后进行。工作前应观察操作空间上方、周围、开挖工作面附近安全状态;

(2)区域地质条件复杂的隧道,应根据区域地质勘测资料,选择以钻探法为主,结合物探法、地质调查法的多种预测预报方法综合分析;

(3)应按动态设计原则,并根据地质复杂程度确定预报方案;

(4)地质调查法应在隧道开挖排险结束后进行,钻探法、物探法应待工作面支护完成后进行;

(5)地质调查应落实安全防护措施、完善防护设施。作业区域照明的光照度应满足数据采集和预报作业人员安全操作的需要；

（6）钻探法预报钻孔孔口管应安设牢固，钻机使用的高压风、高压水的各种连接部件应采用符合要求的高压配件，管路连接应安设牢固、经常检查；

（7）地震波反射法预报炸药量不得大于 75g。

9.17.7　监控量测作业应符合下列规定：

（1）应对观测点周围环境状态进行观察判断，随时观察工作环境及周边安全状态。监控量测过程中应保证作业平台稳定牢固、安全防护到位，作业时应照明充足；

（2）在富水区隧道安装量测仪器或进行钻孔时，发现岩壁松软、掉块或钻孔中的水压、水量突然增大，以及有顶钻等异常情况时，应停止钻进，并监测水情。当发现情况危急时，应立即撤出所有危险区域的人员，并采取处理措施；

（3）隧道附近有重要建（构）筑物、设施设备和其他保护对象时，应对建（构）筑物进行变形和沉降观测；隧道采用爆破施工时，应按现行《爆破安全规程》(GB 6722)进行爆破监测。

《公路隧道施工技术规范》(JTG F60—2009)

10.2.1　在复合式衬砌和喷锚衬砌隧道施工时必须进行必测项目的量测。必测项目见表 10.2.1(略)。

10.2.2　应根据设计要求、隧道横断面形状和断面大小、埋深、围岩条件、周边环境条件、支护类型和参数、施工方法等综合选择选测项目。选测项目见表 10.2.2(略)。

10.2.3　各项量测作业均应持续到变形基本稳定后 15～20 天结束。

10.2.4　应按表 10.2.4-1(略)和表 10.2.4-2(略)检查净空位移和拱顶下沉的量测频率，并与按表 10.2.1(略)确定的量测频率比较取大值。施工状况发生变化时（开挖下台阶、仰拱或撤除临时支护等），应增加监测频率。

第十六节　逃生与救援

《公路工程施工安全技术规范》(JTG F90—2015)

9.18.1　隧道施工应配备应急救援机械设备、监测仪器、堵漏和清洗消毒材料、交通工具、个体防护设备、医疗设备和药品、生活保障和救援物资等,应进行定期检查、维护和更新。不得挪用救援物资及救援设备。

9.18.2　隧道施工应建立兼职救援队伍。

9.18.3　隧道通风、供水及供电设备应纳入正常工序管理,设专人负责管理。施工过程中应加强通风效果检测,供水供电管道、线路应通畅,同时应设置备用设备和备用电源。

9.18.4　隧道内交通道路及开挖作业等重要场所应设置安全应急照明和应急逃生标志,应急照明应有备用电源并保证光照度符合要求。

9.18.5　软弱围岩隧道开挖掌子面至二次衬砌之间应设置逃生通道,随开挖进尺不断前移,逃生通道距离开挖掌子面不得大于 20m。逃生通道的刚度、强度及抗冲击能力应满足安全要求,逃生通道内径不宜小于 0.8m。

9.18.6　长、特长及高风险隧道应设报警系统及逃生设备、临时急救器械和应急生活保障品等。

9.18.7　隧道施工期间各施工作业面应安装有应急照明装置的报警系统装置。

第二十章　特殊季节与特殊环境施工

第一节　一般规定

《公路工程施工安全技术规范》(JTG F90—2015)

12.1.1　应根据施工所在地季节性变化规律、施工环境,结合施工特点,制订特殊季节、特殊环境防范措施,编制应急预案,并应储备应急物资、定期演练。

12.1.2　应及时收集当地气象、水文等信息,并根据情况及时采取防范措施。

第二节　冬季施工

《公路工程施工安全技术规范》(JTG F90—2015)

12.2.1　冬季来临前,应检修、保养使用的船机、设备、机具及防护、消防、救生设施,并应采取防冻措施。

12.2.2　冬季施工现场的道路、工作平台、斜坡道、脚手板、船舶甲板等均应采取防滑措施、及时清除冰雪。冬季施工现场应配备消防设施。

12.2.3　办公、生活区严禁使用电炉、碘钨灯等取暖,煤炭炉取暖必须采取防火、防一氧化碳中毒的措施。

12.2.4　雪天或滑道、电缆结冰的现场,外用电梯应停用,梯笼应置于底层。

12.2.5　冬季进行高处作业应采取可靠的防滑、防寒和防冻措施,并应及时清除水、冰、霜、雪。

12.2.6　严禁明火烘烤或开水加热冻结的储气罐、氧气瓶、乙炔瓶、阀门、胶管。

12.2.7　封冻河流上施工应制订专门施工方案,机械设备冰上作业应经论证。

12.2.8　内河凌汛期,水上在建的建(构)筑物和工程船舶等应采取防撞措施,现场上游应布设破冰防线。

第三节　雨季施工

《公路工程施工安全技术规范》(JTG F90—2015)

12.3.1　雨季来临前,应检查、修复或完善现场避雷装置、接地装置、排水设施,围堰、堤坝等应采取加固和防坍塌措施,易冲刷部位应采取防冲或导流措施。

12.3.2　现场的脚手架、跳板、桥梁、墩台等作业面应采取防滑措施。

12.3.3　大风、大雨后,应检查支架、脚手架、起重设备、临时用电工程、临时房屋等设施的基础。

12.3.4 雷雨时,不得从事露天作业。

第四节 夜间施工

《公路工程施工安全技术规范》(JTG F90—2015)

12.4.1 夜间施工时,作业场所或工程船舶应设置照明设备,照明应满足施工要求。光束不得直接照射工程船舶、机械的操作和指挥人员。

12.4.2 夜间施工时,作业现场的预留孔洞、上下道口及沟槽等危险部位应设置夜间警示标志和警示灯。

第五节 高温施工

《公路工程施工安全技术规范》(JTG F90—2015)

12.5.1 作业时间应避开高温时段。

12.5.2 必须在高温条件下的施工作业应采取防暑降温措施。

12.5.3 施工现场的易燃易爆物品应采取防晒措施。

第六节 台风季节施工

《公路工程施工安全技术规范》(JTG F90—2015)

12.6.1 在建工程、施工机械设备、临时设施、生活和办公用房应做防风加固,排水沟渠应通畅。

12.6.2 应落实船舶避风锚地、拖轮和人员的转移地点。

第七节 汛期施工

《公路工程施工安全技术规范》(JTG F90—2015)

12.7.1 易发生洪水、泥石流、滑坡等灾害的施工现场应加强观测、预警,发现危险预兆应及时撤离作业人员和施工机械设备。

12.7.2 库区及下游受排洪影响地区施工作业应及时掌握水位变化情况。

第八节　能见度不良施工

《公路工程施工安全技术规范》(JTG F90—2015)

12.8.1　能见度不良的施工现场不宜施工作业。

12.8.2　能见度不良时水上作业场地应按规定启用声响警示设备和红光信号灯。

12.8.3　船舶雾航必须按照《国际海上避碰规则》和《中华人民共和国内河避碰规则》有关规定执行。停航通告发布后,必须停止航行。

12.8.4　航行中突遇浓雾应立即减速、测定船位,继续航行应符合本规范第12.8.3条规定。

第四篇　安全生产规范性文件目录

　　《安全生产规范性文件目录(2019年)》收录了文件222件,其中法律13件、行政法规14件、司法解释2件、部门规章21件、浙江省地方性法规6件、浙江省人民政府规章2件,标准规范规程86件,规范性文件(红头文件)87件。鉴于法律法规规章文本比较容易获取,本目录仅收录常用的法律法规规章,重点对标准规范规程和规范性文件(红头文件)进行收集整理。

　　为便于查阅,一级目录的排序规则:法律、行政法规、司法解释、部门规章、浙江省地方性法规、浙江省人民政府规章、标准规范规程、规范性文件(红头文件)的顺序,边界清晰。二级目录的编排规则:以编者主观判断对规范性文件的使用频率从大到小排序,具有主观性。其中,标准规范规程和规范性文件(红头文件)按照《企业安全生产标准化基本规范》(GB/T 33000—2016)分类:1.安全目标;2.管理机构和人员;3.安全责任体系;4.法规及安全管理制度;5.安全投入;6.装备设施;7.技术管理;8.队伍建设;9.作业管理;10.危险源辨识与风险控制;11.隐患排查与治理;12.职业健康;13.安全文化;14.应急救援;15.事故报告调查处理;16.绩效考核与持续改进。

　　由于安全生产管理综合性强、涉及面广、规范性文件动态调整等因素,目录难以穷尽所有的法律法规规章、标准规范规程和规范性文件(红头文件),在使用过程中根据工作实际情况,要注重积累收集,要关注规范性文件的立、改、废。同时,恳请广大读者提出意见建议,供修订参考,使目录日臻完善。

　　一、法律

　　(一)中华人民共和国安全生产法

　　2002年6月29日第九届全国人民代表大会常务委员会第二十八次会

议通过,2009 年 8 月 27 日第十一届全国人民代表大会常务委员会第十次会议第一次修正,2014 年 8 月 31 日第十二届全国人民代表大会常务委员会第十次会议第二次修正,中华人民共和国主席令第十三号公布。

(二)中华人民共和国职业病防治法

2001 年 10 月 27 日第九届全国人民代表大会常务委员会第二十四次会议通过,2011 年 12 月 31 日第十一届全国人民代表大会常务委员会第二十四次会议第一次修正,2016 年 7 月 2 日第十二届全国人民代表大会常务委员会第二十一次会议第二次修正,2017 年 11 月 4 日第十二届全国人民代表大会常务委员会第三十次会议第三次修正,2018 年 12 月 29 日第十三届全国人民代表大会常务委员会第七次会议第四次修正,中华人民共和国主席令第二十四号公布。

(三)中华人民共和国特种设备安全法

2013 年 6 月 29 日第十二届全国人民代表大会常务委员会第三次会议通过,中华人民共和国主席令第四号公布。

(四)中华人民共和国消防法

2008 年 10 月 28 日第十一届全国人民代表大会常务委员会第五次会议修订,2019 年 4 月 23 日第十三届全国人民代表大会常务委员会第十次会议修正,中华人民共和国主席令第二十九号公布。

(五)中华人民共和国道路交通安全法

2003 年 10 月 28 日第十届全国人民代表大会常务委员会第五次会议通过,2007 年 12 月 29 日第十届全国人民代表大会常务委员会第三十一次会议第一次修正,2011 年 4 月 22 日第十一届全国人民代表大会常务委员会第二十次会议第二次修正,中华人民共和国主席令第四十七号公布。

(六)中华人民共和国突发事件应对法

2007 年 8 月 30 日第十届全国人民代表大会常务委员会第二十九次会议通过,中华人民共和国主席令第六十九号公布。

(七)中华人民共和国公路法

1997 年 7 月 3 日第八届全国人民代表大会常务委员会第二十六次会议通过,1999 年 10 月 31 日第九届全国人民代表大会常务委员会第十二次会议第一次修正,2004 年 8 月 28 日第十届全国人民代表大会常务委员会第十一次会议第二次修正,2009 年 8 月 27 日第十一届全国人民代表大会常务委员会第十次会议第三次修正,2016 年 11 月 7 日第十二届全国人民代表大会常务委员会第二十四次会议第四次修正,2017 年 11 月 4 日第十二届全国人民代表大会常务委员会第三十次会议第五次修正,中华人民共和国主席令第八十一号公布。

(八)中华人民共和国建筑法

1997 年 11 月 1 日第八届全国人民代表大会常务委员会第二十八次会议通过,2011 年 4 月 22 日第十一届全国人民代表大会常务委员会第二十次会议第一次修正,2019 年 4 月 23 日第十三届全国人民代表大会常务委员会第十次会议第二次修正,中华人民共和国主席令第十三号公布。

(九)中华人民共和国劳动法

1994 年 7 月 5 日第八届全国人民代表大会常务委员会第八次会议通过,2009 年 8 月 27 日第十一届全国人民代表大会常务委员会第十次会议第一次修正,2018 年 12 月 29 日第十三届全国人民代表大会常务委员会第七次会议第二次修正,中华人民共和国主席令第二十四号公布。

(十)中华人民共和国劳动合同法

2007 年 6 月 29 日第十届全国人民代表大会常务委员会第二十八次会议通过,2012 年 12 月 28 日第十一届全国人民代表大会常务委员会第三十次会议修正,中华人民共和国主席令第七十三号公布。

(十一)中华人民共和国环境噪声污染防治法

1996 年 10 月 29 日第八届全国人民代表大会常务委员会第二十二次会议通过,2018 年 12 月 29 日第十三届全国人民代表大会常务委员会第七次会议修正,中华人民共和国主席令第二十四号公布。

(十二)中华人民共和国固体废物污染环境防治法

2004 年 12 月 29 日第十届全国人民代表大会常务委员会第十三次会议修订,2013 年 6 月 29 日第十二届全国人民代表大会常务委员会第三次会议第一次修正,2015 年 4 月 24 日第十二届全国人民代表大会常务委员会第十四次会议第二次修正,2016 年 11 月 7 日第十二届全国人民代表大会常务委员会第二十四次会议第三次修正,中华人民共和国主席令第五十七号公布。

(十三)中华人民共和国刑法修正案(六)

2006 年 6 月 29 日第十届全国人民代表大会常务委员会第二十二次会议通过,中华人民共和国主席令第五十一号公布。

二、行政法规

(一)建设工程安全生产管理条例

2003 年 11 月 24 日国务院令第 393 号。

(二)安全生产许可证条例

2004 年 1 月 13 日国务院令第 397 号,2013 年 7 月 18 日国务院令 638 号第一次修正,2014 年 7 月 29 日国务院令第 653 号第二次修正。

(三)特种设备安全监察条例

2003 年 3 月 11 日国务院令第 373 号,2009 年 1 月 24 日国务院令第 549 号修正。

(四)中华人民共和国道路交通安全法实施条例

2004 年 4 月 30 日国务院令第 405 号,2017 年 10 月 7 日国务院令第 687 号修正。

(五)民用爆炸物品安全管理条例

2006 年 5 月 10 日国务院令第 466 号,2014 年 7 月 29 日国务院令第 653 号修正。

(六)危险化学品安全管理条例

2002 年 1 月 26 日国务院令第 344 号,2011 年 2 月 16 日国务院令第 591 号第一次修正,2013 年 12 月 7 日国务院令第 645 号第二次修正。

(七)使用有毒物品作业场所劳动保护条例

2002 年 5 月 12 日国务院令第 352 号。

(八)气象灾害防御条例

2010 年 1 月 27 日国务院令 570 号,2017 年 10 月 7 日国务院令 687 号修正。

(九)工伤保险条例

2003 年 4 月 27 日国务院令第 375 号,2010 年 12 月 20 日国务院令第 586 号修正。

(十)劳动保障监察条例

2004 年 11 月 1 日国务院令第 423 号。

(十一)女职工劳动保护特别规定

2012 年 4 月 28 日国务院令第 619 号。

(十二)生产安全事故报告和调查处理条例

2007 年 4 月 9 日国务院令第 493 号。

(十三)生产安全事故应急条例

2019 年 2 月 17 日国务院令第 708 号。

(十四)国务院关于特大安全事故行政责任追究的规定

2001 年 4 月 21 日国务院令第 302 号。

三、司法解释

(一)最高人民法院印发《关于进一步加强危害生产安全刑事案件审判工作的意见》的通知

法发〔2011〕20 号。

(二)最高人民法院、最高人民检察院关于办理危害生产安全刑事案件适用法律若干问题的解释

法释〔2015〕22 号。

四、部门规章

(一)交通运输部

1.公路水运工程安全生产监督管理办法

2017 年 6 月 12 日交通运输部令 2017 年第 25 号。

2.交通运输突发事件应急管理规定

2011 年 11 月 14 日交通运输部令 2011 年第 9 号。

(二)应急管理部(国家安全生产监督管理总局)

1.建设项目安全设施"三同时"监督管理暂行办法

2010 年 12 月 14 日国家安全生产监督管理总局令第 36 号,2015 年 4 月

2 日国家安全生产监督管理总局令第 77 号修正。

2.建设项目职业病防护设施"三同时"监督管理办法

2017 年 3 月 9 日国家安全生产监督管理总局令第 90 号。

3.安全生产事故隐患排查治理暂行规定

2007 年 12 月 28 日国家安全生产监督管理总局令第 16 号。

4.危险化学品登记管理办法

2012 年 7 月 1 日国家安全生产监督管理总局令第 53 号。

5.生产安全事故应急预案管理办法

2016 年 6 月 3 日国家安全生产监督管理总局令第 88 号,2019 年 7 月 11 日应急管理部令第 2 号修正。

6.特种作业人员安全技术培训考核管理规定

2010 年 5 月 24 日国家安全生产监督管理总局令第 30 号,2015 年 5 月 29 日国家安全生产监督管理总局令第 80 号修正。

7.安全生产培训管理办法

2012 年 1 月 19 日国家安全生产监督管理总局令第 44 号,2013 年 8 月 29 日国家安全生产监督管理总局令第 63 号第一次修正,2015 年 5 月 29 日国家安全生产监督管理总局令第 80 号第二次修正。

8.生产经营单位安全培训规定

2006 年 1 月 17 日国家安全生产监督管理总局令第 3 号,2013 年 8 月 29 日国家安全生产监督管理总局令第 63 号第一次修正,2015 年 5 月 29 日国家安全生产监督管理总局令第 80 号第二次修正。

9.工作场所职业卫生监督管理规定

2012 年 4 月 27 日国家安全生产监督管理总局令第 47 号。

10.用人单位职业健康监护监督管理办法

2012 年 4 月 27 日国家安全生产监督管理总局令第 49 号。

11.安全生产违法行为行政处罚办法

2007 年 11 月 30 日国家安全生产监督管理总局令第 15 号,2015 年 4 月 2 日国家安全生产监督管理总局令第 77 号修正。

12.《生产安全事故报告和调查处理案例》罚款处罚暂行规定

2007 年 7 月 12 日国家安全生产监督管理总局令第 13 号,2011 年 9 月 1 日国家安全生产监督管理总局令第 42 号第一次修正,2015 年 4 月 2 日国家安全生产监督管理总局令第 77 号第二次修正。

(三)住房和城乡建设部

1. 建筑施工企业主要负责人、项目负责人和专职安全生产管理人员安全生产管理规定

2014 年 6 月 25 日住房和城乡建设部令第 17 号。

2. 建筑起重机械安全监督管理规定

2008 年 1 月 28 日建设部令第 166 号。

3. 实施工程建设强制性标准监督规定

2000 年 8 月 25 日建设部令第 81 号。

(四)国家市场监督管理总局(国家质量监督检验检疫总局)

1. 特种设备作业人员监督管理办法

2005 年 1 月 10 日国家质量监督检验检疫总局令第 70 号,2011 年 5 月 3 日国家质量监督检验检疫总局令第 140 号修正。

2. 特种设备事故报告和调查处理规定

2009 年 7 月 3 日国家质量监督检验检疫总局令第 115 号。

(五)人力资源与社会保障部

社会保险基金先行支付暂行办法

2011 年 6 月 29 日人力资源和社会保障部令第 15 号,2018 年 12 月 14 日人力资源和社会保障部令第 38 号修正。

(六)中国气象局

气象灾害预警信号发布与传播办法

2007 年 6 月 12 日中国气象局令第 16 号。

五、浙江省地方性法规

(一)浙江省交通建设工程质量和安全生产管理条例

2018 年 9 月 30 日浙江省第十三届人民代表大会常务委员会第五次会议通过,浙江省第十三届人民代表大会常务委员会公告第 4 号公布。

（二）浙江省安全生产条例

2016 年 7 月 29 日浙江省第十二届人民代表大会常务委员会第三十一次会议修订,浙江省人民代表大会常务委员会公告第 45 号公布。

（三）浙江省特种设备安全管理条例

2003 年 6 月 27 日浙江省第十届人民代表大会常务委员会第四次会议通过,2009 年 11 月 27 日浙江省第十一届人民代表大会常务委员会第十四次会议第一次修正,2011 年 11 月 25 日浙江省第十一届人民代表大会常务委员会第二十九次会议第二修正,2013 年 12 月 19 日浙江省第十二届人民代表大会常务委员会第七次会议第三次修正,2016 年 7 月 29 日浙江省第十二届人民代表大会常务委员会第三十一次会议第四次修正,浙江省人民代表大会常务委员会公告第 47 号公布。

（四）浙江省消防条例

2016 年 5 月 27 日浙江省人民代表大会常务委员会第二十九次会议修订,浙江省人民代表大会常务委员会公告 40 号公告。

（五）浙江省气象灾害防御条例

2017 年 3 月 30 日经浙江省第十二届人民代表大会常务委员会第三十九次会议审议通过,浙江省人民代表大会常务委员会公告第 57 号公布。

（六）浙江省防汛防台抗旱条例

2007 年 3 月 29 日浙江省第十届人民代表大会常务委员会第三十一次会议通过,浙江省第十届人民代表大会常务委员会公告 68 号公布。

六、浙江省人民政府规章

（一）浙江省建设项目安全设施监督管理办法

2009 年 4 月 10 日浙江省人民政府令第 259 号。

（二）浙江省生产安全事故报告和调查处理规定

2012 年 12 月 31 日浙江省人民政府令第 310 号。

七、标准规范规程

（一）综合

1. 安全带（GB6095—2009）

2. 安全帽(GB2811—2007)

3. 安全网(GB3725—2009)

4. 安全色(GB2893—2008)

5. 公路工程施工安全技术规范(JTG F90—2015)

6. 建筑施工企业安全生产管理规范(GB 50656—2011)

7. 建筑施工安全技术统一规范(GB 50870—2013)

8. 建筑施工安全检查标准(JGJ 59—2011)

9. 市政工程施工安全检查标准(CJJ/T 275—2018)

10. 建筑施工高处作业安全技术规范(JGJ 80—2016)

11. 建设工程施工现场消防安全技术规范(GB 50720—2011)

12. 安全评价通则(AQ 8001—2007)

13. 企业安全文化建设导则(AQ/T 9004—2008)

14. 企业安全生产标准化基本规范(GB/T 33000—2016)

(二)临时用电

1. 施工现场临时用电安全技术规范(JGJ 46—2005)

2. 建设工程施工现场供用电安全规范(GB 50194—2014)

3. 特低电压(ELV)限值(GB/T 3805—2008)

4. 建筑物防雷装置检测技术规范(GB/T 21431—2015)

(三)脚手架模板

1. 建筑施工脚手架安全技术统一标准(GB 51210—2016)

2. 建筑施工碗扣式钢管脚手架安全技术规范(JGJ 166—2016)

3. 建筑施工扣件式钢管脚手架安全技术规范(JGJ 130—2011)

4. 建筑施工承插型盘扣式钢管支架安全技术规程(JGJ 231—2010)

5. 建筑施工门式钢管脚手架安全技术规范(JGJ 128—2010)

6. 建筑施工工具式脚手架安全技术规范(JGJ 202—2010)

7. 建筑施工模板安全技术规范(JGJ 162—2008)

(四)机械设备

1. 起重机械安全规程(GB 6067.1—2010)

2. 塔式起重机安全规程(GB 5144—2006)

3. 龙门架及井架物料提升机安全技术规范(JGJ 88—2010)

4. 桥式和门式起重机制造及轨道安装公差(GB/T 10183—2005)

5. 建筑机械使用安全技术规程(JGJ 33—2012)

6. 建筑施工起重吊装安全技术规范(JGJ 276—2012)

7. 建筑塔式起重机安全监控系统应用技术规程(JGJ 332—2014)

8. 建筑施工塔式起重机安装、使用、拆卸安全技术规程(JGJ 196—2010)

9. 建筑施工升降机安装、使用、拆卸安全技术规程(JGJ 215—2010)

10. 建筑卷扬机(GB/T 1955—2002)

11. 手持式电动工具的管理、使用、检查和维修安全技术规程(GB/T 3787—2006)

12. 一般用途钢丝绳(GB/T 20118—2006)

13. 施工现场机械设备检查技术规程(JGJ 160—2008)

(五)职业健康

1. 职业健康安全管理体系　　要求及使用指南(GB/T 28001—2011)

2. 工作场所职业病危害警示标识(GBZ 158—2003)

3. 工作场所有害因素职业接触限值第 1 部分化学有害因素(GBZ 2—2007)

4. 建筑施工作业劳动防护用品配备及使用标准(JGJ 184—2009)

5. 建设工程施工现场环境与卫生标准(JGJ 146—2013)

6. 建筑行业职业病危害预防控制规范(GBZ/T 211—2008)

(六)事故应急

1. 企业职工伤亡事故分类标准(GB 6441—86)

2. 人体损伤致残程度分级(最高人民法院、最高人民检察院、公安部、国家安全部、司法部,2016 年 4 月 18 日)

3. 生产经营单位安全生产事故应急预案编制导则(GB/T 29639—2013)

4. 生产安全事故应急演练指南(AQ/T 9007—2011)

5. 危险化学品事故应急救援指挥导则(AQ/T 3052—2015)

(七)环境保护

1. 环境空气质量标准(GB 3095—2012)

2.大气污染物综合排放标准(GB 16297—1996)

3.声环境质量标准(GB 3096—2008)

4.工业企业厂界环境噪声排放标准(GB 12348—2008)

5.建筑施工场界环境噪声排放标准(GB 12523—2011)

6.危险废物贮存污染控制标准(GB 18597—2001)

7.安全标志及其使用导则(GB 2894—2008)

8.危险化学品重大危险源辨识(GB 18218—2009)

(八)工程技术

1.混凝土用水标准(JGJ 63—2006)

2.公路工程质量检验评定标准(第一册　土建工程)(JTG F80/1—2017)

3.公路工程施工监理规范(JTG G10—2016)

4.建筑施工土石方工程安全技术规范(JGJ 180—2009)

5.建筑深基坑工程施工安全技术规范(JGJ 311—2013)

6.公路水泥稳定碎石基层振动成型法施工技术规范(DB33/T 836—2011)

7.公路路基施工技术规范(JTG F10—2006)

8.公路路面基层施工技术细则(JTG/T F20—2015)

9.公路水泥混凝土路面施工技术细则(JTG/T F30—2014)

10.公路水泥混凝土路面再生利用技术细则(JTG/T F31—2014)

11.公路沥青路面施工技术规范(JTG F40—2004)

12.公路沥青路面再生技术规范(JTG—F41—2008)

13.公路桥涵施工技术规范(JTG/T F50—2011)

14.钢结构工程施工质量验收规范(GB 50205—2001)

15.桥梁钢结构防腐蚀工程施工工艺及质量验收规范(DB 33/T 841—2011)

16.预应力混凝土用钢绞线(GB/T 5224—2014)

17.公路隧道施工技术规范(JTG F60—2009)

18.公路隧道施工技术细则(JTG/T F60—2009)

19.公路隧道养护技术规范(JTG H12—2015)

20.公路交通安全设施施工技术规范(JTG F71—2006)

21.建筑拆除工程安全技术规范(JGJ 147—2016)

22.公路养护技术规范(JTG H10—2009)

23.公路桥涵养护规范(JTG H11—2004)

（九）其他

1.气瓶使用登记管理规则(TSG R5001—2005)

2.爆破安全规程(GB 6722—2014)

3.高处作业分级(GB/T 3608—2008)

4.建筑灭火器配置验收及检查规范(GB 50444—2008)

5.高速公路项目建设管理规范(DB 33/T 2003—2016)

6.公路水运工程施工安全标准化指南(交通运输部工程质量监督局组织编写,2013年6月)

7.山区高速公路建设管理指南(浙交〔2019〕110号)

八、规范性文件

（一）综合类

1.中共中央国务院关于推进安全生产领域改革发展的意见

中发〔2016〕32号。

2.交通运输部关于推进公路水运行业安全生产领域改革发展的实施意见

交安监发〔2017〕39号。

3.中共浙江省委浙江省人民政府关于深入推进安全生产领域改革发展的实施意见

浙委发〔2017〕35号。

4.浙江省交通运输厅关于推进全省交通运输行业安全生产领域改革发展的实施意见

浙交〔2018〕68号。

5.国务院关于坚持科学发展安全发展促进安全生产形势持续稳定好转

的意见

国发〔2011〕40 号。

6.国务院关于进一步加强企业安全生产工作的通知

国发〔2010〕23 号。

7.国务院安委会办公室关于深入开展企业安全生产标准化建设的指导意见

安委〔2011〕4 号。

8.国务院安委会办公室关于印发标本兼治遏制重特大事故工作指南的通知

安委办〔2016〕3 号。

9.交通运输部办公厅关于加强公路水运工程质量安全监督管理工作的指导意见

交办安监〔2017〕162 号。

10.关于印发《浙江省交通建设工程质量安全分级监管办法》的通知

浙交〔2019〕121 号。

11.浙江省交通运输厅关于公布行政规范性文件清理结果的通知

浙交〔2019〕133 号。

(二)安全生产管理体系

1.交通运输部关于印发公路水运工程平安工地建设管理办法的通知

交安监发〔2018〕43 号。

2.交通运输部关于印发《交通运输企业安全生产标准化建设评价管理办法》的通知

交安监发〔2016〕133 号。

3.公路水运工程施工安全标准化指南

交通运输部工程质量监督局组织编写,2013 年 6 月。

4.转发交通运输部交通运输企业安全生产达标考评指标的通知

浙交安办〔2013〕3 号。

5.关于印发《浙江省高速公路施工标准化管理实施细则》的通知

浙交〔2013〕191 号。

6.关于印发《浙交省普通国省道公路建设工程标准化工地建设管理和考核办法(试行)》的通知

浙交〔2011〕112 号。

(三)安全生产责任制

1.交通运输部办公厅关于印发《公路水路行业安全生产监督管理工作责任规范导则》的通知

交办安监〔2017〕59 号。

2.国务院关于加强和改进消防工作的意见

国发〔2011〕46 号。

3.交通运输部办公厅关于贯彻落实《消防安全责任制实施办法》的指导意见

交办公安〔2018〕116 号。

4.交通运输部关于加强公路水运工程质量和安全管理工作的若干意见

交安监发〔2014〕233 号。

5.国家安全监管总局关于加强企业安全生产规范化建设严格落实企业安全生产主体责任的指导意见

安监总办〔2010〕139 号。

6.国家安全监管总局关于印发《企业安全生产责任体系五落实五到位规定》的通知

安监总办〔2015〕27 号。

7.住房城乡建设部关于印发《建筑施工项目经理质量安全责任十项规定(试行)》的通知

建质〔2014〕123 号。

8.住房城乡建设部关于印发《建设单位项目负责人质量安全责任八项规定(试行)》等四个规定的通知

建市〔2015〕35 号。

9.浙江省人民政府办公厅关于贯彻落实消防安全责任制实施办法的若干意见

浙政办发〔2018〕52 号。

10.浙江省交通工程质量监督管理局关于进一步加强我省公路水运建设工程质量安全责任登记制的通知

浙交监〔2015〕78 号。

(四)安全生产制度

【警示约谈】

1.国务院安委办关于印发安全生产约谈实施办法(试行)的通知

安委〔2018〕2 号。

2.浙江省安全生产委员会关于印发《浙江省安全生产通报警示约谈实施办法(试行)》的通知

浙安委〔2018〕9 号。

3.关于印发《浙江省交通运输厅安全生产约谈办法(试行)》的通知

浙交〔2018〕18 号。

【监管名单】

1.国务院安委会办公室关于印发《生产经营单位不良记录"黑名单"管理暂行规定》的通知

安委办〔2015〕14 号。

2.关于印发《浙江省交通运输安全生产重点监管名单管理规定(试行)》的通知

浙交〔2018〕59 号。

3.关于修改《浙江省交通运输安全生产重点监管名单管理规定(试行)》部分条款的通知

浙交〔2018〕236 号。

【挂牌督办】

1.交通运输部关于印发《交通运输安全生产挂牌督办办法》的通知

交安监发〔2013〕470 号。

2.交通运输部关于印发《公路水运工程生产安全重大事故隐患挂牌督办制度(暂行)》的通知

交质监发〔2012〕577 号。

3.浙江省交通运输厅关于印发《浙江省交通运输安全生产挂牌督办办

法(试行)》的通知

浙交〔2018〕67 号。

【带班制度】

交通运输部关于印发《公路水运工程施工企业项目负责人施工现场带班生产制度(暂行)》的通知

交质监发〔2012〕576 号。

【巡查制度】

浙江省安全生产委员会关于印发《浙江省安全生产巡查工作制度(暂行)》的通知

浙安委〔2018〕8 号。

(五)安全生产费

1.关于印发《浙江省公路水运工程安全生产费管理暂行规定》的通知

浙交〔2009〕228 号。

2.关于进一步加强我省交通建设工程施工安全生产费用管理的通知

浙交监〔2013〕43 号。

3.关于进一步规范交通建设工程量清单预算第 100 章总则部分费用计列内容和标准的指导意见

浙交造价〔2014〕2 号。

4.浙江省财政厅关于调整省级机关会议费培训费有关规定的通知

浙财行〔2018〕1 号。

5.浙江省财政厅关于浙江省省级机关会议费管理规定的通知

浙财行〔2014〕7 号。

(六)机械设备、防护设施

交通运输部安委办关于加强在建公路工程项目施工驻地和设施安全管理工作的通知

交安委办函〔2014〕94 号。

(七)技术管理

1.国家安全监管总局关于印发淘汰落后安全技术装备目录(2015 年第一批)的通知

安监总科技〔2015〕75 号。

2.关于发布《浙江省公路水运工程落后施工工艺、设备和材料的淘汰目录（第一批）》的通知

浙交〔2019〕35 号。

3.国家安全监管总局交通运输部国务院国资委国家铁路局关于印发《隧道施工安全九条规定》的通知

安监总管〔2014〕104 号。

4.交通运输部关于进一步加强隧道工程质量和安全监管工作的若干意见

交质监发〔2013〕549 号。

5.交通运输部关于进一步加强特大桥梁和特长隧道质量安全管理工作的通知

厅质监字〔2012〕117 号。

6.交通运输部办公厅关于进一步加强夜间施工质量安全管理工作的通知

厅质监字〔2012〕183 号。

（八）安全生产培训考核

1.国务院安委会关于进一步加强安全培训工作决定

安委〔2012〕10 号。

2.浙江省安全生产委员会关于进一步加强安全生产培训工作的实施意见

浙安委〔2013〕2 号。

3.国务院安委会办公室关于贯彻落实国务院《通知》精神加强企业班组长安全培训工作的指导意见

安委办〔2010〕27 号。

4.交通运输部关于印发《公路水运工程施工企业安全生产管理人员考核管理办法》的通知

交质监发〔2009〕757 号。

5.关于公路水运工程施工及公路养护企业安全生产管理人员证书及安

全许可证管理分工调整事项的通知

浙交〔2013〕87号。

（九）相关方管理

1.交通运输部关于印发公路工程施工分包管理办法的通知

交公路发〔2011〕685号。

2.住房城乡建设部关于印发《建筑业企业资质标准》的通知

建市〔2014〕159号。

3.住房城乡建设部关于简化建筑业企业资质标准部分指标的通知

建市〔2016〕226号。

4.住房和城乡建设部关于印发建筑工程发包和承包违法行为处置管理办法的通知

建市规〔2019〕1号。

5.浙江省交通运输厅关于印发《浙江省公路水运工程施工分包管理实施细则》的通知

浙交〔2012〕253号。

6.关于做好全省公路水运建设工程人工工资专用账户管理工作的通知

浙交〔2018〕241号。

7.人力资源社会保障部 住房城乡建设部 安全监管总局 全国总工会关于进一步做好建筑业工伤保险工作的意见

人社部发〔2014〕103号。

（十）风险管控和隐患排查治理

1.交通运输部办公厅关于印发《公路水路行业安全生产风险辨识评估管控基本规范（试行）》的通知

交办安监〔2018〕135号。

2.交通运输部关于印发《公路水路行业安全生产风险管理暂行办法》《公路水路行业安全生产事故隐患治理暂行办法》的通知

交安监发〔2017〕60号。

3.交通运输部关于开展公路桥梁和隧道工程施工安全风险评估试行工作的通知

交安监发〔2011〕217 号。

4.交通运输部关于发布高速公路路堑高边坡工程施工安全风险评估指南(试行)的通知

交安监发〔2014〕266 号。

5.浙江省交通运输厅关于印发《浙江省公路水运危险性较大分部分项工程安全专项施工方案管理办法(试行)》的通知

浙交〔2010〕236 号。

6.浙江省交通运输厅关于印发《浙江省公路水运危险性较大工程安全专项施工方案管理办法(试行)》的通知

浙交〔2015〕58 号。

7.关于印发《浙江省公路水运工程安全生产隐患排查治理实施办法》的通知

浙交监〔2018〕84 号。

(十一)应急救援管理

1.国家安全监管总局办公厅关于印发生产经营单位生产安全事故应急预案评审指南(试行)的通知

安监总厅应急〔2009〕73 号。

2.交通运输部关于印发《交通运输综合应急预案》等 7 项突发事件应急预案的通知

交应急发〔2017〕135 号。

3.浙江省人民政府办公厅关于印发浙江省生产安全事故应急预案的通知

浙政办发〔2017〕131 号。

4.浙江省交通运输厅关于印发浙江省公路水运建设工程生产安全事故应急预案的通知

浙交〔2009〕146 号。

5.关于印发《浙江省交通运输"三防"应急预案》的通知

浙交〔2015〕161 号。

(十二)事故管理

1.国家安全监管总局关于印发生产经营单位瞒报谎报事故行为查处办法的通知

安监总政法〔2011〕91号。

2.国家安全监管总局、国家档案局关于印发《生产安全事故档案管理办法》的通知

安监总办〔2008〕202号。

3.国家安全监管总局关于印发《生产安全事故统计管理办法》的通知

安监总厅统计〔2016〕80号。

4.交通运输部办公厅关于印发《交通运输行业建设工程生产安全事故统计报表制度》等3个制度的通知

交办安监函〔2016〕1520号。

5.关于进一步加强我省交通建设工程施工安全事故通报的通知

浙交办〔2013〕118号。

（十三）专项活动

1.国家安全监管总局卫生部人力资源和社会保障部中华全国总工会《关于印发防暑降温措施管理办法的通知》的通知

安监总安健〔2012〕89号。

2.交通运输部办公厅关于开展高速公路和大型水运工程"防坍塌、防坠落、反三违"专项整治通知

厅质监字〔2013〕129号。

3.浙江省安全生产委员会关于印发工程建设领域预防施工起重机械脚手架等坍塌专项整治通知

浙安委〔2013〕11号。

（十四）内业台账

1.关于进一步规范统一全省公路水运建设工程安全管理台账管理工作的通知

浙交监〔2011〕124号。

2.关于进一步规范全省交通质监机构安全台账的通知

浙交监〔2013〕27号。

（十五）其他

1.关于发布《山区高速公路建设管理指南》的通知

浙交〔2019〕110号。

2.关于在我省政府投资公路水运建设工程中推行安全质量远程视频监控系统的通知

浙交〔2013〕120号。

附　录

附录 1

生产经营单位安全生产管理机构及管理人员的职责

序号	《安全生产法》第二十二条	《公路水运工程安全生产监督管理办法》(交通运输部令 2017 年第 25 号)第三十六条	《浙江省安全生产条例》第十二条	综　合
1	(一)组织或者参与拟订本单位安全生产规章制度、操作规程和生产安全事故应急救援预案	(一)组织或者参与拟订本单位安全生产规章制度、操作规程,以及合同段施工专项应急预案和现场处置方案		1. 组织或者参与拟订本单位安全生产规章制度、操作规程,以及合同段施工专项应急预案和现场处置方案
2	(二)组织或者参与本单位安全生产教育和培训,如实记录安全生产教育和培训情况	(二)组织或者参与本单位安全生产教育和培训,如实记录安全生产教育和培训情况		2. 组织或者参与本单位安全生产教育和培训,如实记录安全生产教育和培训情况
3	(三)督促落实本单位重大危险源的安全管理措施	(三)督促落实本单位施工安全风险管控措施		3. 督促落实本单位施工安全风险管控措施
4	(四)组织或者参与本单位应急救援演练	(四)组织或者参与本合同段施工应急救援演练		4. 组织或者参与本合同段施工应急救援演练
5	(五)检查本单位的安全生产状况,及时排查生产安全事故隐患,提出改进安全生产管理的建议	(五)检查施工现场安全生产状况,做好检查记录,提出改进安全生产标准化建设的建议		5. 检查施工现场安全生产状况,做好检查记录,提出改进安全生产标准化建设的建议
6		(六)及时排查、报告安全事故隐患,并督促落实事故隐患治理措施		6. 及时排查、报告安全事故隐患,并督促落实事故隐患治理措施

续表

序号	《安全生产法》第二十二条	《公路水运工程安全生产监督管理办法》(交通运输部令2017年第25号)第三十六条	《浙江省安全生产条例》第十二条	综合
7	(六)制止和纠正违章指挥、强令冒险作业、违反操作规程的行为	(七)制止和纠正违章指挥、违章操作和违反劳动纪律的行为		7.制止和纠正违章指挥、违章操作和违反劳动纪律的行为
8	(七)督促落实本单位安全生产整改措施			8.督促落实本单位安全生产整改措施
9			(二)参与本单位生产工艺、技术的安全风险评估和设备的安全性能检测	9.参与本单位生产工艺、技术的安全风险评估和设备的安全性能检测
10			(三)督促落实本单位危险作业、可燃爆作业场所的安全管理措施	10.督促落实本单位危险作业、可燃爆作业场所的安全管理措施
11			(四)对本单位的生产安全事故进行统计、分析	11.对本单位的生产安全事故进行统计、分析
12			(一)安全生产法律、法规和其他规定的职责	12.法律法规规定的职责

附录 2

生产经营单位主要负责人的职责

序号	安全生产法 第十八条	《公路水运工程安全生产监督管理办法》 （交通运输部令 2017 年第 25 号） 第三十五条	《浙江省安全 生产条例》第十条	综　合
1	（一）建立、健全本单位 安全生产责任制	（一）建立项目安全生产责任制，实施 相应的考核与奖惩		1. 建立、健全本单位安全生产责 任制，实施相应的考核与奖惩
2		（二）按规定配足项目专职安全生产管 理人员		2. 按规定配足本单位专职安全生 产管理人员
3	（二）组织制定本单位 安全生产规章制度和 操作规程	（三）结合项目特点，组织制定项目安 全生产规章制度和操作规程	（二）督促落实本单位 安全生产规章制度和 操作规程	3. 结合项目特点，组织制定并督 促落实本单位安全生产规章制度 和操作规程
4	（三）组织制订并实施 本单位安全生产教育 和培训计划	（四）组织制订并实施项目安全生产教 育和培训计划		4. 组织制订并实施本单位安全生 产教育和培训计划
5	（四）保证本单位安全 生产投入的有效实施	（五）督促落实项目安全生产费用的规范 使用		5. 督促本单位安全生产费用的规 范使用
6		（六）依据风险评估结论，完善施工组 织设计和专项施工方案		6. 依据风险评估结论，完善施工 组织设计和专项施工方案

续 表

序号	安全生产法 第十八条	《公路水运工程安全生产监督管理办法》 （交通运输部令 2017 年第 25 号） 第三十五条	《浙江省安全 生产条例》第十条	综 合
7	（五）督促、检查本单位的安全生产工作，及时消除生产安全事故隐患	（七）建立安全预防控制体系和隐患排查治理体系，督促、检查项目安全生产工作，确认重大事故隐患整改情况	（三）督办本单位事故隐患治理	7. 建立安全预防控制体系和隐患排查治理工作，督促、检查项目安全生产工作，确认重大事故隐患整改情况
8	（六）组织制订并实施本单位的生产安全事故应急救援预案	（八）组织制订并实施本合同段施工专项应急预案和现场处置方案，并定期组织组织演练	（四）定期组织或者参与生产安全事故应急救援演练	8. 组织制订并实施本单位的生产安全事故应急救援预案，专项应急预案和现场处置方案，定期组织或者参与生产安全事故应急救援演练
9	（七）及时、如实报告生产安全事故	（九）及时、如实报告生产安全事故并组织自救		9. 及时、如实报告生产安全事故并组织自救
10			（五）每年向职工大会、职工代表大会或者股东会报告本单位安全生产情况，接受工会、从业人员、股东对安全生产工作的监督	10. 每年向职工代表大会、职工大会或者股东会报告本单位安全生产情况，接受工会、从业人员、股东对安全生产工作的监督
11			（一）安全生产法和其他法律法规规定的职责	11. 法律法规规定的职责

附录 3

特种设备作业人员资格认定分类与项目
(市场监管总局关于特种设备行政许可有关事项的公告 2019 年第 3 号，附件 2)

序号	种类	作业项目	项目代号
1	特种设备安全管理	1 特种设备安全管理	A
2	锅炉作业	2 工业锅炉司炉	G1
		3 电站锅炉司炉（注 1）	G2
		4 锅炉水处理	G3
3	压力容器作业	5 快开门式压力容器操作	R1
		6 移动式压力容器充装	R2
		7 氧舱维护保养	R3
4	气瓶作业	8 气瓶充装	P
5	电梯作业	9 电梯修理（注 2）	T
6	起重机作业	10 起重机指挥	Q1
		11 起重机司机（注 3）	Q2
7	客运索道作业	12 客运索道修理	S1
		13 客运索道司机	S2
8	大型游乐设施作业	14 大型游乐设施修理	Y1
		15 大型游乐设施操作	Y2

续表

序号	种类	作业项目	项目代号
9	场（厂）内专用机动车辆作业	16 叉车司机	N1
		17 观光车和观光列车司机	N2
10	安全附件维修作业	18 安全阀校验	F
11	特种设备焊接作业	19 金属焊接操作	（注4）
		20 非金属焊接操作	

注1：资格认定范围为300MW以下（不含300MW）的电站锅炉司炉人员，300MW电站锅炉司炉人员由使用单位按照电力行业规范自行进行技能培训。

注2：电梯修理作业项目包括修理和维护保养作业。

注3：可根据报考人员的申请需求进行范围限制，具体明确限制为桥式起重机司机、门式起重机司机、塔式起重机司机、门座式起重机司机、缆索式起重机司机、流动式起重机司机、升降机司机。如"起重机司机（限桥门式起重机）"等。

注4：特种设备焊接作业人员代号按照《特种设备焊接操作人员考核规则》的规定执行。